HUNGERLEIDER/ZEN-SEMINAR

FRITZ HUNGERLEIDER

Das Zen-Seminar

Ein Leitfaden für Übende und Lehrer

HERDER
WIEN · FREIBURG · BASEL

Umschlaggestaltung: Reinhard Klein
Satz und Druck: Ing. F. Plöchl, Freistadt 1976
Bestellnummer: ISBN 3-210-24.518-5

Meinen Lehrern Pu-hua und Hung-lei

in Dankbarkeit zugeeignet[1]

[1] Vgl. die Anmerkungen auf Seite 67 ff.

Inhalt

1. „Zen für Abendländer?“ — Einleitung . . . 9

2. „Das Kloster ist geeigneter als die Ritterburg“ — die äußeren Voraussetzungen, eine o'Sesshin einzurichten 12

3. „Das Glöckchen macht noch nicht den Jikijitsu“ — der Meditationslehrer und seine Pflichten 13

4. „Es gibt keine alleinseligmachende Zen-Methode“ — ein Wort zur Toleranz im Zen . . 19

5. „Pausen, gibt es die?“ — Programmatischer Aufbau eines Seminars 22

6. „Wenn die Vertikale des Leibes feststeht, dann steht auch die Vertikale des Geistes. Gelassene Stille wie kühne Kraft nehmen von hier ihren Ausgang“ — in der Zendô . . . 26

7. „Gongt ES bereits?“ — die Kunst des Gongens 41

8. „Nütze jede Möglichkeit, dein Zen-Verständnis anzubieten“ — das Geheimnis um Verbeugung und Gasshô 43

9. „Der Speisesaal sei die zweite Zendô“ — Bemerkungen über die Essenseinnahme . . . 46

10. „Erst wer jenseits von Reden und Schweigen angelangt ist, ist am Ziel!“ — das Wort als zweischneidiges Schwert 48

11. „Im Zen begegnet man sogar dem Tode mit Humor“ — Zen kennt kein Tabu 51

12. „Kein Wort sollte deinen Mund verlassen, das du nicht selbst erlebt hast“ — Einstimmung, Rundgespräch, Teishô und Vortrag . 53

13. „Kôan sind Ziegelsteine, um das Tor zur Wirklichkeit einzuschlagen“ 61

14. „Über die seelsorgerische Tätigkeit im Zen“ — Dokusan und Dialog 63

15. „In der Gegenwart ist keine Heimat“ — Verabschiedung 65

Anmerkungen 67

Anhang 77

Das Apokryphe Sûtra des Hung-lei 79

I. Vorwort 79

II. Lebensbeschreibung des Hung-lei 80

III. Das Sûtra 84

A. Vorbemerkung 84

B. Das Sûtra samt Zwischenbemerkungen und Erklärungen 85

IV. Anmerkungen des Herausgebers 97

V. Nachwort 106

VI. Abkürzungen 106

1. „Zen für Abendländer?" — Einleitung

Alle Anzeichen deuten darauf hin, daß das Bedürfnis nach einem abendländischen Zen immer stärker wird. Analog der Transplantierung des chinesischen Ch'an im 13. Jahrhundert, das sich erst langsam, entsprechend den mentalen Eigenheiten der Japaner, in das Zen, wie wir es heute kennen, verwandelte, mag sich im Laufe der Zeit sich auch ein typisch westliches Zen entwickeln. Wie man aber von allem Anfang an in Japan die chinesischen Meister studierte und sich ihre Erfahrungen zunutze machte, ebenso sollte es in Europa sein: man greife auf den gesamten Schatz des fernöstlichen Ch'an bzw. Zen zurück und hüte sich vor okzidentaler Überheblichkeit. Noch ist bei uns kein Dôgen oder Hakuin geboren! In Japan gibt es neben den beiden Hauptrichtungen Rinzai- und Sôtô-Zen eine an Bedeutung allerdings geringe Subsekte: Obaku (Huang-po), in der man unabgewandeltes chinesisches Ch'an bis auf den heutigen Tag treu bewahrt hat. Alles in Obaku ist chinesisch, nicht nur die Architektur der Klöster oder die ästhetisch wenig ansprechenden buddhistischen Statuen, sondern auch einfache Gebrauchsgegenstände, wie hohe Stühle und hohe Tische.

Da Zen für die gesamte Menschheit, unbeschadet der Rasse, der Nationalität, ja selbst des Credos, seine Gültigkeit hat, ist auch bei uns eine ähnliche religionsgeschichtliche Entwicklung denkbar. Vielleicht werden sich konservative Gruppen bilden, deren Anliegen dem Obaku-Zen zu vergleichen ist und die nun das japanische Zen „buchstabengetreu", d. h. mit allen Zeremonien und liturgischen Einrichtungen, bewahrt wissen wollen. Daneben mögen andere Gruppen an neue Formen denken, an Abwandlungen und Anpassungen. Man wird sich z. B. Gedanken darüber machen müssen, ob man die geradezu militärische Disziplin nicht mildern sollte, oder aber, ob damit nicht schon wieder ein wesentlicher Bestandteil des Zen verloren ginge. Ohne Polemik wird es nicht immer abgehen.

In Japan wird viel Wert auf Nachfolge gelegt. Man spricht davon, daß dieser oder jener aus der Linie eines besonderen Meisters hervorgegangen sei. Diese Einstellung bringt Vor- wie Nachteile mit sich. Sie gewährleistet zwar die ungebrochene Überlieferung, kann aber auch in sektiererhaftem Eigensinn erstarren, wobei es nicht selten vorkommt, daß Lehrmethoden, die sich von einer anderen „Linie" ableiten, rigoros verworfen werden. Im Abendland können wir kaum darauf hoffen, daß ein japanischer Rôshi (Meister) ein westlich modifiziertes Zen approbieren wird. So werden wir wohl auf manche Weihen und Zeremonien verzichten müssen. Doch sind nicht gerade Weihen und Zeremonien aus dem ursprünglichen Zen-Geist heraus unnötig, unverständlich, ja komisch, wenn es bereits in einem — wenn auch schroff formulierten — Zen-Ausspruch heißt: „Wenn du den Buddha siehst, schlag ihn tot!"?

Eine Frage, ein Einwand mag gleich zu Beginn auftauchen und Berechtigung haben: Eine Fülle von Zen-Literatur ergießt sich in den letzten Jahren über uns. Kaum ein literarischer Club oder eine namhafte Party, da man nicht über Zen zu „plaudern" beginnt. Darin aber liegt eine Gefahr, daß aus dem Zen-Buddhismus — Zen-Snobismus werden könnte. — Ist eine weitere Arbeit über Zen überhaupt notwendig? Sollte man nicht eher dieser Flut an Publikationen steuern, sie eindämmen, statt auszuweiten?

Der Autor glaubt sein Unterfangen rechtfertigen zu dürfen, indem er Zen aus jeglicher Theorie heraushebt und es nur als angewandte Praxis darstellt. Durch Begegnungen und Gespräche mit vielen Menschen hat er sich ein nicht unerhebliches Maß an Erfahrungen erworben, die nicht verloren gehen sollten. In den bisher vierzehn Jahren intensivster Tätigkeit haben sich Erkenntnisse, Einblicke und Irrtümer angesammelt, wurden Methoden entwickelt, variiert, manche wieder verworfen und neue Methoden erprobt. Ergebnisse aus dem Dokusan (Einzelunterweisung) werden in der vorliegenden Arbeit allerdings nie direkt berührt. Denn Dokusan ist ein Zwiegespräch in knappster Form unter strenger Geheimhaltung. Darüber zu einem Dritten zu sprechen, wäre mit dem Bruch des Beichtgeheimnisses oder mit dem Bekanntmachen dessen, was man einem Arzt in seiner Ordination anvertraut, vergleichbar.

Nachfolgende Abhandlung ist als Leitfaden für den Zen-Lehrer, aber auch für Übende gedacht und gewährt Einblicke in die „Werkstatt" eines Meditationslehrers. Enttäuscht wird hingegen derjenige, der einen „Schnellsiedekurs" erwartet. — Dem Zen-Jünger, aber auch jedem, der sich zunächst nur für Zen zu interessieren beginnt, werden Anregungen gegeben, die ihm den WEG erhellen wollen. Anfänger wie Fortgeschrittener finden hier Erklärungen für Vorgänge, die ihnen im Seminar rätselhaft und unverständlich erscheinen.

Die Arbeit ist aus der eigenen Praxis geboren und wieder NUR für die Praxis bestimmt. — Merksätze stehen vor den einzelnen Abschnitten, finden sich jedoch gelegentlich auch im Text, durch Anführungsstriche herausgehoben.

Um auf den ersten Blick die Herkunft asiatischer Wörter kenntlich zu machen, sind solche, die aus dem Sanskrit stammen, mit kleinen, aus dem Chinesischen mit großen Anfangsbuchstaben bei getrennten Lauten, die aus dem Japanischen mit großen Anfangsbuchstaben, jedoch ungetrennt, geschrieben.

2. „Das Kloster ist geeigneter als die Ritterburg" — die äußeren Voraussetzungen, eine o'Sesshin einzurichten

Nach der Zen-Lehre kann eine noch so gute Einzelmeditation nicht eine Gruppen- oder Gemeinschaftsmeditation ersetzen. Deshalb kommt der Wahl eines passenden Ortes größte Bedeutung zu. Da buddhistische Organisationen im deutschen Sprachraum (abgesehen von Roseburg, Utting a. A. und Berlin-Frohnau und dem erst in Entstehung begriffenen Scheibbs in Niederösterreich) kaum über geeignete Örtlichkeiten verfügen, wird man sich nach anderen Möglichkeiten umsehen müssen. — Abgelegenen Orten wird man gegenüber Räumen in Großstädten sicherlich den Vorzug geben[2]. — Das unwäg- und doch so spürbare religiöse Fluidum, das oftmals alte Klöster ausstrahlen, wird der Meditation wesentlich förderlicher sein als Burgen, deren Schutz- und Trutzcharakter dem Anliegen der Verinnerlichung, des Friedens und der Weisheitsschau eher entgegenstehen. Es gibt bereits eine Anzahl katholischer Klöster und Bildungshäuser, deren Äbte und Leiter über genügend Toleranz verfügen, um echtes, wenn auch interkonfessionelles Zen, zu gestatten, und nichts dagegen einzuwenden, wenn die buddhistischen und taoistischen Wurzeln dieser einzigartigen Meditationsmethode aufgedeckt werden.

Das Anliegen des Autors ist es allerdings, das ursprüngliche Zen darzulegen, da er sich für „christliches Zen" (das erst in jüngster Zeit entstanden ist) nicht zuständig weiß.

---

[2] Vgl. die Anmerkungen auf S. 67 ff.

3. „Das Glöckchen macht noch nicht den Jikijitsu" — der Meditationslehrer und seine Pflichten

Eine wenigstens bescheidene Erfahrung in dem, was man Kenshô oder die Wesensschau[3] nennt, muß wohl als minimale Voraussetzung dafür gelten, wenn man andere zu leiten sich entschlossen hat[4]. Menschen zu führen, ist vielleicht schon eine Anmaßung; sie zu leiten, ohne eigene Erfahrungen zu besitzen, ist Unredlichkeit.

In japanischen Zen-Klöstern wird Unterricht im weitesten Sinne von drei Personen erteilt: Vom Jikijitsu (sprich: Dschikidschitsu), vom Jisha (sprich: Dschischa), vor allem aber vom Rôshi (sprich: Rooschi). Der Jikijitsu regelt den gesamten Ablauf in der Zendô (Meditationshalle); er ist für die Meditierenden verantwortlich. Er sollte eine gute Grundausbildung im Shravakayâna (Orthodoxie) wie im Mahâyâna (Großes Fahrzeug) besitzen und insbesondere Kusha (realistische Philosophie) und Hosso (idealistische Philosophie) gründlich studiert haben. Erst daran schließt sich das intensive Zen-Training. — Jisha ist der Teemönch, gewöhnlich ein Experte der Chanoyu (Teezeremonie), noch besser: des Chadô (Tee-Weges zur Erleuchtung), der auch den anderen Mönchen Unterricht erteilt. — Der Rôshi ist die höchste Instanz, er hält die Teishô (sprich: Tähschoh) (ein kurzer Vortrag), leitet Mondo (blitzartige Rede-Antwort) und Kôan mit Dokusan (die Ratio aufbrechenden „Rätselsprüche" und das vom Jünger angebotene „Zen-Verständnis").

Da wir im Abendland weder über ausgebildete Mönche noch viel weniger über Rôshi verfügen, wird bei uns der von einem Laien zu erstellende Jikijitsu eine vielfache Aufgabe zu erfüllen haben und nicht selten überfordert sein. Seine Tätigkeit umschließt: a) das Gongen; b) den Einführungsvortrag zu halten; c) Meditationsanweisungen zu geben; d) vor allem das Zazen (das ,Z' wird immer als stimmhaftes ,S' ausgesprochen) zu leiten[5]; e) Dokusan abzuhalten; f) Teishô und Vorträge zu sprechen; g) bei Tisch die Tagessprüche zu verkünden; h) Dialoge zu leiten und schließlich für Anfänger passende Rundgespräche zu führen.

Der Jikijitsu muß in allen Belangen und in jedem Augenblick des Seminars durchaus glaubwürdig sein, d. h. er darf *niemals* aus der Routine heraus etwas gestalten, sondern hat stets mit vollendeter Geistesklarheit und letztem Engagement bei der Sache zu sein. Er darf in seinen Entscheidungen weder zögern noch an seiner Autorität Zweifel aufkommen lassen. Er enthüllt nur einen Teil der Wahrheit, das meiste muß der Jünger selbst finden. Er muß sich zwar vor suggestiver Beeinflussung des Jüngers hüten, dennoch von mitreißender Begeisterung durchdrungen sein. Wenn in der Zendô oder beim Dokusan ein ungewöhnliches oder unerwartetes Ereignis eintrifft (etwa eine neurotische Reaktion), dann muß sich der Jikijitsu blitzartig richtig verhalten.

Die chinesischen Meister haben ihre Schüler oftmals von sich getrieben und ihnen geraten, sich anderweitig umzusehen, um auf ihrem eigenen Wege weiter zu kommen. Nach der japanischen Tradition ist dies undenkbar. Das Lehrer-Schüler-Verhältnis ist ein Bund auf Lebenszeit; wer ihn bricht, wird andere Türen verschlossen finden.

Dem abendländischen Jikijitsu empfehle ich, sich nach der chinesischen Auffassung auszurichten: Beharre niemals eifersüchtig darauf, daß deine Methode unvergleichlich sei; setze andere Methoden nicht herab. Sei in deinen eigenen Anweisungen anpassungsfähig, sei stets ein anderer. Verblüffe und schockiere zuweilen, doch dosiere den Schock. Vor allem aber rüttle aus der Selbstgefälligkeit auf! Sei im Unterricht hart und weich. Unnachgiebig und unendlich liebevoll. Härte, die nicht gleichzeitig in Liebe wurzelt, kann in Grausamkeit münden. Liebevolle Weichheit ohne Härte läuft Gefahr, in Pietismus zu versanden. Beides sind nicht die Wege des Zen. Du magst getrost dein persönliches Zen entwickeln, aber du darfst dabei niemals die alten fernöstlichen Traditionen vergessen. Vielmehr muß der Kontakt zu den ehrwürdigen Überlieferungen lebendig bleiben. Deshalb mußt du diese Überlieferungen nicht nur (theoretisch) kennen, sondern sie (praktisch) erprobt haben. Lehre das Widersprüchliche, und deine Jünger werden es dir unter Protesten danken; so bleiben sie hell-wach. Verweise immer wieder auf das Widersprüchliche im Weltgeschehen und in der philosophischen Reflexion. Bringe deine Jünger vorsichtig in die Ausweglosigkeit hinein. Gedenke dabei der Worte Hakuins: „Beträgt der Zweifel 10 Grad, so beträgt auch die Erleuchtung 10 Grad."

Natürlich solltest du zuerst — der Sitte entsprechend — den Jünger abweisen. Deine Hände, sind sie nicht „leerer" noch als die von Meistern, die da sagten: „Siehe, meine Hände, sie sind leer. Nichts habe ich dir zu bieten!"? Gewiß wäre die beste aller Predigten die wortlose; sicherlich ist die wahre Unterweisung die Nicht-Unterweisung. Aber denke praktisch: eine Woche etwa sollst du mit deinen Freunden üben. In dieser kurzen Frist können sie nicht erfühlen, was du wortlos mitteilen solltest. — „Getrost den Mund geöffnet, das Übel muß nicht gleich herausspringen!"[6]

Reinige dich jedes Mal, wenn du vor deine Schüler trittst und decke deine eigenen Täuschungen auf: „Bist du schon im Gleichmut, oder ist dein Sinn eben doch nur gleichgültig? Dein Ich gedenkst du aufzulösen; Gier, Haß und Wahn scheinen dir dahinzuschwinden. Eitler Schwätzer! Dein Herz ist voll von Bosheit. Der Intellekt — dein Feind! — gaukelt dir Überwindung vor. Dein Kopf weiß ja so viel . . . Dein Herz aber ist ein Bettler. — Dennoch unverzagt! Immer wieder neu beginne; trotze den zehntausend Fehlschlägen!"

Das Glöckchen zu bedienen, um die Sitzperioden ein- und auszuläuten, bedeutet noch lange nicht, ein guter Meditationslehrer zu sein. Dieses Amt erfordert viel mehr. Psychologisches Verständnis und darüber hinaus die Fähigkeit, sich in das Wesen des anderen zu verlieren und dadurch all das aufzustöbern, was jenem für den Erleuchtungsweg dienlich sein könnte. Hôben auf Japanisch und upâya auf Sanskrit sind Hilfsmittel aller Art, die Leerheit und Soheit aller Dinge erfassen zu lernen, in die „Wirklichkeit" hineinzuführen. Leerheit (śûnyatâ) und Soheit (tathatâ) sind negative und positive Aspekte der an sich weder mit Worten noch Begriffen ausdrückbaren letzten Wirklichkeit oder absoluten Wahrheit (paramârtha satya). Sei immer auf der Suche nach Hôben, um dem anderen zu dienen!

Bereite dich gewissenhaft, dennoch auch wieder nicht zu gründlich auf deine Aufgabe vor. Laß genügend Spielraum für Improvisation (besonders bei den „Einstimmungen" — da du die jeweils benötigte Atmosphäre nicht vorher einplanen kannst), damit das Lebendige erhalten bleibe und nicht zum toten Buchstaben werde. Improvisation und ausgefeiltes Programm halten sich die Waage. Vermeide Diskussionen; sie führen zu nichts. Bedenke, daß die Zen-Atmosphäre fragil ist. Wenn es sein muß, greife rasch, entschieden und energisch durch, zeige aber dabei immer ein liebevolles Herz.

Du mußt die pluralistische Struktur deiner Seminaristen im Auge behalten. Wer sind sie, die du vorerst nicht kennst? Was wollen, erhoffen, befürchten sie? Manche mögen nur aus Neugierde kommen[7], andere, weil ihnen Zen modern erscheint, weil sie „in" sein wollen. Sei deshalb nicht entmutigt. Manch einer hat auf diesem Um-Weg zum Wege gefunden. Eine schwierige Aufgabe wartet auf dich: Innerlich behutsam, äußerlich unnachgiebig, treibe die Jünger an oder retardiere, ganz so, wie sie es benötigen. Anfänger sollten nicht überfordert, Fortgeschrittene nicht gelangweilt werden. Hier einen gemeinsamen Nenner zu finden und niemanden zu enttäuschen: auch das gehört zu deinem Pflichtenkreis. Ein extremes Schweigeseminar bringt manche Probleme mit sich. Wenn du dich einmal dazu entschlossen hast, führe es konsequent durch und laß es nicht zu einer Kampfabstimmung kommen, du schaffst sonst Mißvergnügte. Der Kreis deiner Schüler ist heterogen. Um die Struktur der Teilnehmer irgendeines beliebigen Seminars aufzuweisen, zeige ich folgende Gruppen von Menschen auf, die sich zur gemeinsamen meditativen Übung einfanden: Buddhisten, Christen, Atheisten; Ärzte, Rechtsanwälte, Hausfrauen, Studenten, Angestellte, Arbeiter, Beamte, Fotografen, Dichter, Musiker, Maler, Heilpraktiker, Journalisten, Chemiker, Juweliere, Konstrukteure, Krankenschwestern, Lehrer, Litografen, Lohndiener, Nonnen, Kaufleute, Patres, Redakteure, Sekretärinnen, Direktoren, Systemanalytiker, Theologen, Diplomaten und Hippies, bunt zusammengewürfelt. Und in kürzester Zeit sollst du daraus eine Zen-Familie formen! Das ist kein leichtes Unterfangen; hier und jetzt mußt du dich bewähren! Wähle ein Zimmer und nenne es „Raum der Begegnungen". Damit kannst du einem möglichen Vorwurf entgegentreten, daß Gleichgesinnte nicht nur zusammen schweigen dürfen, sondern daß zumindest auch die Möglichkeit zu einer „Begegnung", zu einem verbalen Kontakt von Mensch zu Mensch, gegeben ist. In diesem Zimmer kann jeder, der das unstillbare Bedürfnis in sich fühlt, seinen intellektuellen Müll abladen.

Was sind die Kriterien eines erfolgreich verlaufenden Seminars? Nach der guten Meditation fällt das Bedürfnis des Sich-mitteilen-Wollens in sich zusammen, und der Denkstrom versiegt. Nach der mißlungenen Meditation jedoch öffnen sich alle Schleusen, und der Übende stürzt sich geradezu auf das nächste körperliche oder geistige Objekt.

Zeige deine Gefühle, aber niemals mehr, als du tatsächlich besitzt. Jeder Seminarist verfügt über einen gut funktionierenden Seismographen, und du bist demaskiert, ehe du dich versiehst; dann ist es vorbei mit der Glaubwürdigkeit.

Bei deinen Seminaren werden sich zuweilen seelisch kranke und geistig labile Menschen einstellen; dem ist kaum vorzubeugen. Dabei wäre die Zen-Methode nur gesunden und robusten Menschen anzuraten. Gerade Psychopathen fühlen sich oftmals vom Zen magisch angezogen. Erkenne sie an ihren Augen und halte sie ständig unter Kontrolle. Lenke sie (im Dokusan) behutsam zur mettâ- (Liebes-) Meditation hin, dulde aber unter keinen Umständen kasina-Übungen[8].

4. „Es gibt keine alleinseligmachende Zen-Methode" — ein Wort zur Toleranz im Zen

Jeder Meister in China und Japan unterrichtet(e) individuell. Japanische Rôshi sind oftmals Eiferer, die eifersüchtig, nur ihrer Tradition ergeben, andere Überlieferungen als minder betrachten. Eifere diesen Eiferern nicht nach! Alle Methoden sind gleichrangig, gleichwertig. Jeder Schüler sollte seinen Veranlagungen gemäß geführt werden. Deshalb sei grenzenlos tolerant und verstricke dich nie in Zen-Dogmatik. Das wäre ein Widerspruch in sich. — Hat jemand Erfolg bei der Geistesfixierung mit einem bîja (Keimsilbe, wie z. B. OM), oder mit einem mantram (eine Folge von bîja, wie z. B. OM mani padme hûm), sei's drum. Allein auf den Erfolg kommt es an; ob der Übende imstande ist, mit solchen Hilfsmitteln (upâya) seine Geistesruhe zu finden. Unzweckmäßig allerdings wäre es, über den tiefen symbolischen Inhalt eines solchen mantram meditative Betrachtungen anzustellen. Damit verließe man den Weg des Zen. — Nach einiger Zeit allerdings bringe den Übenden von seinem bîja, von seinem mantram wieder fort und in die objektfreie Meditation hinein.

Setze andere Meditationslehrer nicht herab. Finde auch ein freundliches Wort für christliche Mystik, für Yoga, selbst für autogenes Training. Diese können brauchbare Vorstufen sein, doch füge milde hinzu: „So wertvoll diese Methoden auch sein mögen, sie sind noch lange nicht Zen." Taste das Credo deiner Zen-Jünger niemals an, gestatte aber keine nach Pietismus riechende Meditation. Davon ist auch nicht ein buddhistischer Pietismus ausgenommen, wie er in den Jodô- und Jodô-Shin-Sekten in Form des Nembutsu bekannt ist. Vergiß nie, daß, welche Lehren du auch immer erteilst, diese in sich und an sich leer sind. Nur Finger sind sie, die auf den Mond hinweisen, niemals schon der Mond. „Alle Lehren sind upâya, zweckdienliche Mittel, aber nichts darüber hinaus, das einen Absolutheitswert in sich trüge."

Entwickle im Laufe der Jahre deine eigene Zen-Methode, sei nicht Epigon. Laß dich von Kritik nicht beirren. Wesentlich allein ist deine innere Überzeugung und deine Fähigkeit, diese auch umzusetzen, zu übertragen. — Beharre auf Disziplin. Auch nur zu den Mahlzeiten zu spät zu kommen und dadurch den Tagesspruch zu stören, ist eine Rücksichtslosigkeit den anderen gegenüber.

Laß es auch nicht durchgehen, daß einzelne, ohne sich abzumelden, Sitzperioden ganz einfach versäumen. Andernfalls kannst du das Durcheinander bald nicht mehr steuern. Die Teilnahme an Teishô und Vortrag hingegen stelle immer frei, nur das Zazen ist obligat. Es gibt solche, die dem Wort tatsächlich keinen Erfolg abgewinnen können. Zwinge sie nicht, dir zuhören zu müssen.

Du wirst Seminaristen antreffen, die sich mit Parapsychologie beschäftigen; laß dich darauf nicht ein; sage, du verstündest davon nichts.

Wenn du dich noch so sehr für Zen einsetzt, verabsäume nicht, darauf hinzuweisen, daß Zen dem Buddhismus nicht synonym, sondern nur einer seiner Aspekte ist. Es gibt viele, die da behaupten, daß Zen die schönste Blüte am Stamme des japanischen Buddhismus sei. Andere wieder bestreiten diese Behauptung. Stelle den Buddhismus immer über das Zen. Dann erst wirst du ein guter Zen-Lehrer sein; sonst könntest du der Versuchung unterliegen, zum Zen-Ideologen zu erstarren.

„Nichts schmeckt schaler als lauwarmes Zen." Dein Zen-Herz muß heiß sein, wie sonst könntest du inspirieren? Die Unterschiede im Temperament bei deinen Schülern mögen groß sein. Dem einen wirst du zu lebhaft, dem anderen zu ruhig erscheinen; dem einen zu emotionsgeladen, dem anderen zu rational. Sei, wie du wirklich bist, dann ist es richtig, und kümmere dich nicht um Kritik. Du kannst es ohnehin nicht allen gleichmäßig recht machen. Denke daran, daß in Japan das „Innen", der innere Gleichklang zwischen Lehrer und Schüler, erprobt wird, der sich nicht immer einstellt. Doch darauf kannst du bei einem kurzen Wochenseminar ohnehin keine Rücksicht nehmen. Wie sehr man Zen dynamisch auffaßt, bleibt Temperamentssache. Huang-po brüllte seine Jünger an, daß bei manchen die Trommelfelle barsten; Lin-chi verprügelte sie und teilte Ohrfeigen aus, und ein Zen-Studium bei Hakuin war ein Wagnis auf Leben und Tod. Die Gewohnheitsenergien des Menschen sind nicht zu unterschätzende Hemmnisse. Ohne (liebevolle) Härte geht es eben zuweilen nicht ab, soll der Geist sich nicht einspinnen und in wohligem Halbschlummer erstarren, sondern von seinen Fesseln befreit werden.

5. „Pausen, gibt es die?" — Programmatischer Aufbau eines Seminars

Im Nachfolgenden lege ich einen (möglichen) programmatischen Aufbau einer o'Sesshin dar, der aber keineswegs Anspruch auf Ausschließlichkeit erhebt. Das ganze Seminar ist nichts anderes als eine einzige große Übung in Selbstaufgabe. Je mehr das empirische Ich zum Schwinden gebracht wird, umso deutlicher tritt dein „Urantlitz" (im Sinne Hui-nêngs) zutage.

Die von mir entwickelte Programmfolge hat sich in den Jahren bewährt und scheint der abendländischen Mentalität zu entsprechen. — Sollte das Seminar mit dem Abendessen beginnen, so schließe ich daran entweder (so es sich vorwiegend um Anfänger handelt) einen Einführungsvortrag[9], oder (bei vorwiegend Fortgeschrittenen) die große Erleuchtungs-gâthâ des Seng-t'sang. Nach einer kurzen Pause erfolgt die erste Meditationsanweisung, die nur einige äußerliche Dinge einschließt. Der Anfänger sitzt eine oder zwei Sitzperioden, je 20 Minuten, und ist vorerst ratlos. Er weiß nicht, warum und wozu er eigentlich sitzt. Das ist vielleicht die beste Ausgangssituation und gibt ihm andererseits einen Vorgeschmack, wie es ihm in einem japanischen Kloster erginge, wo keinerlei Erklärungen erteilt werden. Der Schüler hat zuerst die völlige Isolation kennenzulernen; er hat die neue Umgebung zu erfühlen, ohne sich mit ihr zu beschäftigen; er hat die bohrende Neugierde zu bezähmen, wie wohl die Mitübenden sitzen u. dgl. m. — Ein Rundgespräch für die Anfänger beschließt den Anreisetag.

Der Ablauf eines vollen Übungstages hat folgende Struktur:

6.15 Uhr erstes,
6.55 Uhr zweites Gongen;
7.00 Uhr eine Sitzperiode Zazen;
8.00 Uhr Frühstück, eingeleitet vom Tagesspruch;
9.00 Uhr Meditationsanweisungen, bei fortschreitendem Seminar „Einstimmungen", danach vier Sitzperioden, bis auf je 25 Minuten ausgedehnt;
11.00 Uhr Dokusan;
12.00 Uhr nach Verkündigung des Tagesspruches: Mittagessen;
15.00 Uhr Teishô;
15.30 Uhr Meditationsanweisungen / Einstimmungen, danach Zazen (vier Sitzperioden);
18.00 Uhr Abendessen, davor Spruch;
19.00 Uhr Vortrag;
20.00 Uhr Zazen (zwei Sitzperioden);
21.00 Uhr Dokusan;
ab 22.00 Uhr Dialog.

Wie sollte man die Pausen zwischen den Programmpunkten am besten nützen? Freizeit im eigentlichen Sinne ist in einer o'Sesshin unbekannt. In Japan ist es üblich, zwischen dem Zazen körperliche Arbeiten einzulegen: im Felde, im Garten, im Hause. Da Zen keine physischen Übungen nach Art des Hatha-Yoga kennt, wird damit ein ausgezeichneter Ausgleich geschaffen. Ist körperliche Arbeit bei einer o'Sesshin aus organisatorischen Gründen undurchführbar, so empfehle ich vor allem ausgedehnte Waldspaziergänge (Sauerstoff!) und dies nicht zuletzt deshalb, weil damit Schwierigkeiten im Stoffwechsel, die sich durch lange und häufige Sitzperioden einstellen und unter denen die Zen-Mönche beinahe chronisch leiden, gebannt werden. Ferner beschauliches Verweilen an Bächen und Flüssen (verbunden mit meditativer Betrachtung über die Vergänglichkeit), vor allem aber Naturbetrachtungen. Lerne, vom Sehen zum Schauen zu gelangen. Was heißt das? Beim Sehen besteht eine Subjekt-Objekt-Spannung, eine Art Diskriminierung, die in der „Schau" aufgehoben ist. „Ich sehe diesen

Baum" bedeutet, daß hier ein Ich ist, das ein Nicht-Ich (Baum) wahrnimmt. In der Schau[10] fallen Subjekt und Objekt in eins zusammen. Das Einheitserlebnis gilt nicht nur hinsichtlich visueller, sondern genauso hinsichtlich akustischer Phänomene. In den Ruf eines Kuckucks kann man derart „hineinfallen", sich mit ihm identifizieren, daß letztlich eine Unterscheidung zwischen Ich und Vogel verschwindet. In der sog. „Pause" kann oftmals die entscheidende Arbeit geleistet, können die Früchte des Zazen geerntet werden. Alle Meister scheinen in einem Punkt übereinzustimmen, darin nämlich, daß die außerhalb des Zazen erlangte Erleuchtung stärker ist, als wenn sie sich in der Zendô einstellt. Die Frage liegt auf der Hand, wann und bei welcher Gelegenheit Erleuchtungserlebnisse aufblitzen. Sowohl aus alten chinesischen Dokumenten wie auch aus modernen japanischen Berichten geht hervor, daß als auslösendes Moment *alles* in Frage kommen kann: beim Schreiten durch einen Wald, beim Sich-verlieren in eine Blume, beim Eintauchen in den Mond, beim Waschen des Eßgeschirrs, beim Stolpern über einen Stein, bei irgendeiner geringfügigen Banalität, bei einer unerwarteten Trivialität . . . Das soll nun wieder nicht heißen, daß das Zazen entbehrlich wäre. Es knetet, es bereitet den Geist vor. —

Da es nicht gleichgültig ist, in welcher Stimmung man mit dem Zazen beginnt und die Vorfreude darauf sich immer positiv auswirkt, sind Naturbetrachtungen auch aus diesem Grunde empfehlenswert. Die Witterung spielt eine große Rolle. Sog. „Schlechtwetter", wie Regen, Hagelschauer, Schneetreiben und Nebel, kann der Verinnerlichung dienen, wogegen heller Sonnenschein der Einwärtswendung, der Introvertierung hinderlich ist, da man dabei, erfahrungsgemäß, hinaus, nach außen lebt.

Die Tagesdisposition kann sehr unterschiedlich sein; das mag atmosphärische, mehr noch: psychologische Gründe haben. Selbst die vier Sitzperioden an einem Vormittag mögen sehr wohl von den vier Sitzperioden des gleichen Nachmittags abweichen. Es kann geschehen, daß heute morgen die Konzentration langsam anläuft, die dritte Sitzperiode den Höhepunkt bildet und die vierte einen Abfall zeigt, wogegen abends die meditative Disposition ganz anders gelagert ist. Mit der Zeit lernt man sich selbst immer besser kennen; man weiß bereits im Augenblick, da man den Meditationssitz einnimmt, in welcher Stärke die zu erwartende Konzentration einsetzen wird, und trifft blitzartig dementsprechende Maßregeln, d. h. man wird die upâya, die Hilfsmittel, die Krücken entsprechend den Erfordernissen auswählen.

Während der ganzen o'Sesshin sollte man Dôgens Rat befolgen, sich vom Schreiben wie Lesen fernzuhalten. Als einzige Ausnahme gilt das sûtra-Studium. Vor allem sollte man small talks — besser noch: alle talks — meiden. Man werde ein Freund der Stille und gelange vom verbalen zum mentalen Schweigen.

6. „Wenn die Vertikale des Leibes feststeht, dann steht auch die Vertikale des Geistes. Gelassene Stille wie kühne Kraft nehmen von hier ihren Ausgang" (Okada) — in der Zendô

Als passende Kleidung für Damen empfehle ich weite Röcke oder Trainingsanzüge; nichts Einschnürendes. Für Herren: Trainingsanzüge oder weite Hosen, keine Hosenträger oder Gürtel, keine Krawatte, der oberste Hemdknopf geöffnet, damit der Atem nicht gehemmt wird. Brillen lege man neben dem Sitz ab. Achte in der Zendô auf größte Ordnung. Der Raum gilt als sakral; betritt ihn nie in Schuhen. Demutsvoll schreite man im Geviert zum Sitzkissen und gehe nicht diagonal durch den Raum. Man stelle die Pantoffel hinter das Kissen. Man bilde kerzengerade Linien der Sitzpolster, indem man sich genau nach den Nachbarn ausrichtet. Sollte in Ausnahmefällen ein vorzeitiges Verlassen der Zendô (etwa durch Übelkeit bedingt) unumgänglich sein, so hat der Übende Gasshô (s. w. u.) zu machen. Das neuerliche Betreten des Raumes darf ausnahmslos nur in den Pausen erfolgen. Die richtige Sitzhaltung ist überaus wichtig. Zulässig sind Hanka (der halbe Lotossitz), Kekka (der volle Lotossitz) und bei den Damen auch der Suwari (Fersensitz); verpönt hingegen ist der sog. Schneidersitz. Die Knie müssen unbedingt auf der Unterlage aufliegen[11]. Dies gelingt leichter, wenn man unter das Steißbein ein oder mehrere Kissen legt, so daß der Leib eine kleine Vorlage erhält. Sollte aus physiologischen Gründen (Alter, Krampfadern, Beingebrechen, nach Operationen etc.) eine der orthodoxen Sitzhaltungen undurchführbar sein, so empfehle ich einen Schemel;

man möge sich dazu jedoch nicht voreilig entschließen, da dieser Sitz bereits als ein Kompromiß anzusehen ist, weil das Sitzbänkchen zwar die Schwere des Körpers und den Druck auf Beine und Füße abfängt, aber auch die innere Harmonie und Abgeschlossenheit erschwert. Ist das Sitzen auch darauf zu anstrengend[12], so gestatte einen Stuhl (nicht anlehnen, sondern aufrecht sitzen), doch sollte das geschlossene Bild der Sitzkissen dadurch nicht gestört werden. Darum weist man den auf Stühlen Sitzenden in der Zendô eine eigene Seite oder Ecke an. Alle Zen-Lehrer beharren darauf, daß die Körperhaltung kerzengerade sein muß[13].

Was die mudrâ anlangt, so sei tolerant. Welche Hand oben, welche unten zu liegen hat, scheint mir belanglos zu sein[14]. Von sekundärer Bedeutung ist es auch, ob man die mudrâ wie in der Rinzai- oder in der Sôtô-Sekte oder gar nach Art der Theravâda-Mönche bildet. Wesentlich ist, den Händen einen sicheren Halt zu geben. Als einzige Einschränkung will ich das „Ringen" der Hände verstanden wissen, das ungewollte Gedanken- und Gefühlsassoziationen hervorrufen könnte und deshalb als Zen-mudrâ ausscheidet.

Die Augen müssen unter allen Umständen geöffnet sein und in einem etwa 45^0-Winkel „blicklos" auf dem Boden ruhen. Man stellt dabei zuerst das Auge willentlich auf einen fixen Punkt ein und entspannt dann den Augenmuskel, so daß man eine Unschärfe erlangt — als sähe man in die Unendlichkeit. Der Sinn, bei geöffneten Augen zu meditieren, liegt darin, daß man nach einiger Zeit in der Lage ist, immer mehr von einer meditativen Verfassung in den Alltag hineinzunehmen und Meditation nicht bloß auf jene kurze Zeitspanne zu beschränken, da man Zazen, also „Sitzen in Versenkung" übt, sondern daß man die harte Trennwand: hie Meditation, da Nicht-Meditation, erst porös werden läßt und dann abträgt. Wenn dein Jünger klagt, daß ihm die Augen tränen, daß sie brennen, dann verweise auf den Fehler, daß der Augenmuskel noch immer unter Spannung steht.

Diese Anfangsschwierigkeiten lassen sich bald beheben.

Wesentlich ist nun, in der Spannung entspannt, in der Entspannung gespannt zu sein. Auch hier müssen Extreme überwunden werden, wobei wir es mit zwei konkreten Gefahren zu tun haben: Wer nur in Spannung arbeitet, wird leicht verkrampft; wer allein danach trachtet, entspannt zu sein, verfällt nur zu schnell dem Schlummer. — Geatmet wird ausschließlich durch die Nase. Der Atem wird in seiner natürlichen Rhythmik betrachtet, ganz so, wie er eben fließt. Es handelt sich also nicht um eine Atemgymnastik, sondern um eine Atemachtsamkeitsübung, die helfen soll, den Geist auf einen Punkt zu fixieren. Der Atem soll behutsam in den o'Hara (Bauchesmitte) geführt werden, der als physisches und psychisches Zentrum des Menschen gilt. Dem Anfänger wird immer wieder empfohlen, die Atemzüge zu zählen, etwa von eins bis zehn. Es mag verwundern, wie schwierig bereits diese so einfach erscheinende Übung durchzuführen ist und wie schnell sich zwischen „eins" und „zehn" Gedanken einschleichen. Das Zählen der Atemzüge ist eine noch recht robuste Krücke, die bald gegen eine weniger massive eingetauscht werden soll. Davon abgesehen, spricht nicht jedermann günstig auf das Zählen an. Man sollte sich daher bald davon lösen und den Atemfluß zuerst bei der Nasenpforte, später dann beim Heben und Senken der Bauchdecke beobachten. Darauf hefte man seine ungeteilte Aufmerksamkeit.

Im Verlaufe der o'Sesshin zeige deinen Schülern die verschiedensten Möglichkeiten, den Geist zu bezwingen. Gedanken werden immer wieder hochkommen. Relativ harmlos sind Gedankenblasen, die sogleich wieder zerplatzen; von Übel jedoch sind Gedankenketten, Gedankentrauben. Verfestigen sie sich sogar noch zu Standpunkten, Meinungen, Dogmen oder Ideologien, so ist dies das Ende deiner meditativen Bemühungen. Ein Beispiel möge dies anschaulich machen. Während des Zazen springt der Gedanke „Sonne" auf. Schenkt man ihm keine weitere Beachtung, wird er einen verlassen. Knüpft man aber an den Gedanken „Sonne" etwa die Erwägung: „Nun wäre es eigentlich schöner, sich im Walde zu ergehen als im Raume zu sitzen", so ist das ein diskursiver Denkakt, der die Meditation stört.

Die Meister geben unterschiedliche Anweisungen, wie man sich den Gedanken gegenüber zu verhalten habe. Manche verlangen, man solle sie an der Wurzel abschneiden, andere wieder, man möge sich nicht einmischen, sie ruhig entstehen lassen, sie würden dich wieder verlassen. Wesentlich dabei ist nur, sie nicht zu verfolgen, also das diskursive Weiterspinnen der Gedanken zu unterlassen. Geradezu als heimtückisch könnte man jene Erfahrungen bezeichnen, da im Augenblick vollendeter Gedankenstille plötzlich eine „Einsicht" aufblitzt und sogleich anschließend der Denkapparat in Bewegung gerät, um Nachforschungen anzustellen, was nun eigentlich geschehen sei, ob es sich etwa um die kleine oder mittelstarke Wesensschau handle, wie es dazu gekommen sei, wie man diesen Geisteszustand bewahren könne, wie er wiederholbar sei u. dgl. m.

Verweise auf die Hua-t'ou Methode, bei der der Übende dorthin zu blicken hat, wo der Gedanke seinen Ursprung nimmt. Man gestattet sich noch einen einzigen bewußten Gedanken, den nämlich, welcher wohl der nächste sein werde.

Der bereits entscheidende Schritt wäre das besonders von Dôgen Zenji propagierte Shikantaza: „Sitzen nur um des Sitzens willen". Um kein Meditationsobjekt hat man sich mehr zu kümmern. Ohne Furcht, ohne Hoffnung, ohne Erwägen sitzt man von allem losgelöst in vollendeter *Absichtslosigkeit.* So überaus segensreich diese Übung auch ist, birgt sie doch eine große Gefahr in sich. Die Absichtslosigkeit kann nur zu leicht in „Schlummer-Sitzen", in „Buddha-Träume" übergehen. Und deshalb warnte Harada Rôshi: „Dösen hieße Kuhmist kneten. Zen aber ist ein Gefühl, so massiv, als ob das Kissen zum Erdball geworden sei und das Weltall den Unterleib erfüllte." Die Frage mag Berechtigung haben, ob nicht der Wunsch nach Absichtslosigkeit ein Widerspruch in sich ist, da er ja bereits mit einer Absicht verbunden ist. Dazu eine kleine Anekdote. Einstmals erkrankte ein alter Chinese schwer. Man rief einen Arzt herbei, der folgendes sagte: „Hier ist eine Medizin, die euch gesund machen wird. Wenn ihr jedoch, während ihr sie einnehmt, an ein schwarzes Fröschchen denkt, seid ihr verloren." Nun war es dem alten Chinesen niemals in den Sinn gekommen, an ein schwarzes Fröschchen zu denken, aber eben weil er diese Anweisung erhalten hatte, mußte er, wie durch einen magischen Zwang, immerfort daran denken — und — starb.

Um zur Absichtslosigkeit zu gelangen, hat der Geist allmählich stille zu werden, und man muß versuchen, ihn ohne Gewaltanwendung von schweifenden Gedanken zu befreien.

Wenn man mich fragt, warum ich eigentlich sitze, so pflege ich zu antworten: „Ich weiß es nicht, ich sitze grundlos, aber ich freue mich, daß ich sitze." Die Antwort: „Ich sitze deshalb, weil ich einen Hellblick oder gar die Erleuchtung gewinnen möchte", wäre falsch, da das Zazen damit auf eine Absicht hinwiese. Nach Dôgen Zenji erschöpft sich im Zazen der Weg des Buddha; es ist *nicht* ein Mittel zum Zweck. Dieser grundlegende Irrtum müsse als solcher erkannt werden, dann werde man durch absichtsloses Zazen die Erleuchtung gewinnen.

Steckt aber nicht damit letztlich doch wieder eine Absicht hinter dem Zazen? fragt der Intellekt sogleich hurtig weiter. Ja und nein. So nehme man selbst den hehren Gedanken Dôgens als ein upâya an und hüte sich vor zweckundienlichen Spekulationen und vor grüblerischer Zweifelsucht (vicikicchâ). Man setze sich nieder und übe. Das ist alles.

Warum, so könnte man fragen, kommt es dann so selten zur Kenshô? Weil einerseits der Übende im Geheimen doch auf ein Erlebnis wartet und andererseits wohl auch deshalb, weil viele Übende die Absichtslosigkeit mit Stumpfheit und Trägheit des Geistes und mit Quietismus verwechseln. Gleichzeitig absichtslos und hell wach zu sein, muß langsam erlernt werden. Deshalb liefere man sich immer mehr und bedingungslos aus; man tauche hinab, hinunter . . ., loslassen . . ., fallenlassen. In der Brust mag heiß die Angst entstehen: wie, wenn ich nicht mehr in die normale (d. h. verblendete) Bewußtseinslage zurückkehre? Unbesorgt, man kehrt schneller zurück, als es einem lieb ist! Symbolisch kann man diese Angst als „Hüter der Schwelle" bezeichnen. Sie ist das letzte und größte Hindernis auf dem Wege zur Kenshô.

Skizzieren wir nun den Ablauf eines aus vier Sitzperioden bestehenden Zazen:

Der Jikijitsu führt die Übenden im Gänsemarsch in die Zendô. Das Betreten des Raumes sollte stets mit dem Gefühl der Ehrfurcht verbunden sein. Ein kleines Neigen des Kopfes vor dem Raum, vor dem Sitzkissen, kann diese Geisteshaltung unterstreichen. Niemand darf umherblicken, das Auge hat bereits jetzt auf den Boden gerichtet zu sein. Die Türe wird geschlossen, und eine feierliche Verbeugung (s. w. u.) wird mit dem Wunsch bekräftigt, der andere, der Mitübende, möge eine glückliche Meditation erleben. Jeder setzt sich auf sein Kissen und schwenkt sich mit einigen konzentrischen Kreisbewegungen ein, bis er das Gefühl hat, einem Fels in der Brandung gleich *unerschütterlich* fest zu sitzen.

Der Jikijitsu tritt vor den Schrein, entzündet eine Kerze und ein o'Senko (Räucherstäbchen) und schließt mit einem Kotau ab, den alle Übenden mitvollziehen[15]. Nun klettert der Jikijitsu auf seinen Hochsitz, von dem aus er die Übenden am besten unter Kontrolle hält und schwenkt sich ebenfalls ein. Daraufhin läutet er die erste Sitzperiode ein. Der Jikijitsu und die Übenden führen Gasshô aus (s. w. u.). Der Jikijitsu schlägt zwei Hartholzstäbe gegeneinander oder einen Fächer auf seine Handfläche auf, um damit „die eben noch vorhandene Gedankenkette abzureißen". Nun sind die Übenden ihrem Schicksal überlassen. Der Ringkampf gegen sich selbst beginnt; der Kopf muß entrümpelt, der Geist „entbildert" werden.

Nach einiger Zeit steigt der Jikijitsu von seinem Hochsitz herunter und beginnt mit dem Keisaku (sprich: Kähsaku = der „Warnstock") seinen Rundgang, wobei er die Sitzhaltungen kontrolliert und Schläge austeilt (s. w. u.). Wir haben im Daitokuji den Jikijitsu scherzhaft als Zen-Polizisten bezeichnet und sinngemäß ist auch sein Keisaku dein „Freund und Helfer".

Nach 25 Minuten wird die erste Sitzperiode ausgeläutet und wieder mit einem Gasshô beendet. Die knapp zwei Minuten dauernde Pause dient dazu, die schmerzenden Glieder zu massieren und den Blutkreislauf anzuregen. Man möge sich langsam vom Sitz erheben, da ein plötzliches Aufstehen das Blut zu rasch aus dem Kopf nach unten absinken läßt und ein Schwindelgefühl, wenn nicht gar eine kurze Ohnmacht, folgen kann. — Dem Geist ist keine Pause gestattet, er verharrt in größtmöglicher Konzentration. Deshalb ist es untersagt, im Raume umherzuschauen und die anderen Übenden zu betrachten. — Die Fenster werden inzwischen geöffnet[16], damit die verbrauchte Luft durch den so wichtigen Sauerstoff ersetzt wird. Kleine Yoga-Übungen in den Pausen haben sich als nützlich erwiesen.

Während der zweiten Sitzperiode schreitet der Jikijitsu gewöhnlich im Raume nicht umher. Nach 25 Minuten beginnt das Kinhin (Rundgang), dessen Bedeutung nicht hoch genug veranschlagt werden sollte. Während dieses Rundganges kann der Übende langsam begreifen, daß Bewegung und Ruhe nur eine täuschende Zwei sind, die vom verblendeten Intellekt vorgegaukelt wird. Hinter dem Vordermann schreitend (zuerst langsam, dann dynamisch) und allein dessen Fersen betrachtend, sollte man eine Geisteshaltung bewahren, als säße man in vollendeter Ruhe auf seisem Kissen. — Die sich daran anschließende dritte Sitzperiode verläuft analog zur ersten. Dann wird zeremoniell der Tee gereicht (s. w. u.). Ist die vierte und letzte Sitzperiode, entsprechend der zweiten, beendet, läute sie aus, mache Gasshô, stehe vom Sitz auf, knie vorm Schrein nieder und puste, nach gemeinsamem Kotau, die Kerzenflamme aus. Dann erst heiße alle Zen-Jünger sich von den Sitzen zu erheben und führe sie — wieder im Geviert des Raumes, die Augen noch immer auf den Boden gerichtet — hintereinander aus der Zendô[17].

Nachdem wir nun einige Vorgänge im Meditationsraum besprochen haben, wenden wir uns den „Einstimmungen" zu. Bei Fortschreiten des Seminars und nachdem die wesentlichen Anweisungen für das Zazen gegeben wurden, empfiehlt es sich, jeweils vor Beginn der vier Sitzperioden kurze Texte zu sprechen. Es wäre verfehlt, dächte nun der Übende, er habe darüber während des Zazen meditative Betrachtungen anzustellen. Diese Texte, deren Auswahl allein dem Geschmack, dem Fingerspitzengefühl des Jikijitsu überlassen bleibt, sollen sogleich wieder vergessen werden — ohne daß man sie jedoch vergißt. Sie haben ins Unbewußte abzusinken. Geeignete Aussprüche wird man aus der buddhistischen und taoistischen Literatur gewinnen; es gibt hier keinerlei Vorschriften noch Regeln.

An dieser Stelle sei mir gestattet, einige Vorschläge für Einstimmungstexte zu unterbreiten.

1. Betrachten wir die Welt, die uns umgibt, so erblicken wir überall Verderbtheit, begegnen überall Menschen, die gierig sind nach Vergnügungen und Zerstreuungen, die ihre Bedürfnisse nach selbstsüchtiger Bequemlichkeit zu befriedigen und ihre Vorurteile zu rechtfertigen suchen, die aber ihre Augen in voller Absicht verschließen. Wenige verstehen die Übung der Versenkung. Anstatt die sûtra zu studieren, verstecken sie sie in ihrer Bibliothek. So ist ihre Arbeit vergebens.

(Meister Chih-chih, 6. Jh. n. d. Z.)

2. Im sûtra heißt es: „Wovon müssen wir uns lösen, wenn wir Frieden und Freude finden wollen? Was müssen wir tun, um den Sorgen zu entfliehen? Welches Gift frißt alle unsere guten Gedanken auf? — Zerstöre den Haß, und du wirst Frieden und Freude

finden. Zerstöre den Haß, und du wirst nicht mehr leiden. Der Haß zerstört alles Gute . . . Wenn man vom Übel des Hasses vollkommen überzeugt ist und sich von ihm befreien will, muß man zugleich Erbarmen und Geduld üben." (Meister Chih-chih)

3. Was versteht man unter Kenshô (Wesensschau)? Kenshô ist die Auflösung der Illusion des Ich-Komplexes in der Schau des All-Eins-Seins, verbunden mit überwältigender Freude, völliger Sicherheit und restloser Befreiung von aller Furcht und allem Zweifel.

4. Durch Kenshô erreicht man den innersten Kern seiner selbst, man erlangt seine Lebenswurzel und taucht auf den Grund des Lebens hinab und berührt so die Quellen des Seins.

5. Zen bedeutet, seine wahre Natur erkennen, die weder der Geburt noch dem Tode unterworfen ist.

6. Nach langer Übung in der Meditation ist vielleicht nur mehr eine Wand dazwischen, so dünn wie Papier. (Yasutani Rôshi)

7. Beim Weg der plötzlichen Erleuchtung wird es immer dunkler und dunkler, und wenn der Punkt vollendeter Dunkelheit und Ausweglosigkeit erreicht ist, dann leuchtet in einem Augenblick das grellste Licht auf, wie ein Blitz.

8. Je vollkommener die Finsternis, desto näher die Erleuchtung.

9. Wenn man eine Kerze in einen völlig dunklen Raum bringt, verschwindet die Finsternis, und es wird Licht. Wenn man aber 10, 100 oder 1.000 Kerzen hinzufügt, wird der Raum heller und heller. Die entscheidende Veränderung wurde jedoch durch die erste Kerze hervorgebracht, die die Dunkelheit durchdrang. (D. T. Suzuki)

10. Die Übungen dienen dazu, daß das Licht der Freiheit und Erlösung aufgeht und weiter dann, um im Lichte zu bleiben und zu wachsen. (Bi-yän-Lu)

11. Vor alten Zeiten lebten in Benares 500 Affen. Von einem hohen Baume, unter dem sich ein tiefer Brunnen befand, erblickten sie im Wasserspiegel das leuchtende Bild des Mondes. An einem Ast hängend, bildeten sie eine lange Kette, indem einer den anderen am Schwanz festhielt, um den Brunnen zu erreichen und den Mond herauszufischen. Endlich brach der Ast, und alle Affen ertranken. (Nirvâna-sûtra)

12. Was ist der WEG? „Er liegt vor deinen Augen!" Warum kann ich ihn dann nicht sehen? „Weil du an dein Ich denkst." Siehst du ihn denn? „Solange du Worte gebrauchst wie ‚Ich' und ‚Du' und Sätze sprichst wie ‚Du siehst' und ‚Ich sehe nicht', kannst du ihn nicht sehen." Wenn es kein Ich und kein Du mehr gibt, kann man ihn dann sehen? „Wenn es kein Ich und kein Du mehr gibt, wer will ihn denn dann sehen?"

13. Als die Nonne Shiyono unter Bukko im Engaguji Zen studierte, gelang es ihr niemals, sich für längere Zeit hindurch der Früchte der Meditation zu erfreuen. In einer mondhellen Nacht trug sie Wasser in einem alten aus Bambus geflochtenen Eimer. Der Bambus brach, der Boden fiel durch, und in diesem Augenblick erlangte die Nonne die Freiheit. Zur Erinnerung daran dichtete sie: „Auf manche Weise wollte ich den alten Eimer retten, während der Bambusreifen erschlaffte und zu zerspringen drohte und schließlich der Boden durchfiel. Kein Wasser mehr im Eimer — kein Mond mehr im Wasser."

14. Basuis Brief an einen Sterbenden: „Das Wesen deines Geistes ist ungeboren, also wird es auch nicht sterben. Es hat keine Existenz, die untergehen kann. Es ist auch keine Hohlheit, die nur leer ist. Es hat weder Farbe noch Form. Es erfreut sich weder an Vergnügungen, noch leidet es Schmerzen. Ich weiß, daß du sehr krank bist. Einem guten Zen-Schüler gleich trittst du der Krankheit mit Geichmut entgegen. Du magst nicht wissen, wer da leidet, aber prüfe dich selbst: Was ist das Wesen deines Geistes? Den-

ke nur daran und du brauchst nichts weiter. Begehre nichts. Dein Ende, das ja endlos ist, ist einer Schneeflocke, die in reiner Luft dahinschmilzt, vergleichbar.

15. Dein Selbst wahrlich zu verstehen, bedeutet, das Ich zu vergessen; sein Ich vergessen bedeutet, von allen Dingen erleuchtet werden. (Dôgen Zenji)

16. Obwohl wir den WEG nicht sehen können, ist er stets vor uns. Erleuchtung ist weder nah noch fern, und das ist alles, was wir zu wissen brauchen. (Sekito Sandokai)

17. Wenn man die Welt als Traum und Wahn ansieht, wird man dem Jammer entfliehen und keine Freude begehren. Man wird still und friedvoll. (Basui)

18. Das Wesentliche bei der Erleuchtung ist: daß das Ich zunichte gemacht wird. (Basui)

19. Man habe Mut zu gehen, ohne zu wissen wohin. (Basui)

20. In einem Raume eines japanischen Klosters befand sich ein winziges altes Weiblein mit geschorenem Haupt, in eine abgetragene Baumwollkutte gehüllt, im Suwari vor einem Holzkohlenöfchen sitzend. Da saß sie, völlig bewegungslos. Man konnte unmöglich sagen, ob sie schlief oder wach war. Ihre abgearbeiteten, verschwollenen Hände waren zu einem Gasshô zusammengefügt, auf ihrem dünnen, zerfurchten Gesicht lag ein archaisches Lächeln, das rätselhafte Lächeln des tanzenden Shiva, der Steinbuddha aus der T'ang-Periode, einer gotischen Madonna. In diesem gelösten Lächeln der kleinen alten Nonne lag die Weisheit des „Zuhause-Seins in einem hauslosen Hause", einer Wahrheit, die nicht gelehrt, sondern verwirklicht und gelebt werden muß. (Mitchell)

21. Philosophische Theorien haben so viel mit wirklichem Buddhismus zu tun wie eine Reisschale, die mit Sanskritwörtern angefüllt ist, mit einem wirklichen Reisgericht zu tun hat.

22. Als Dôgen Zenji beobachtete, wie sich ein herabbrennendes Räucherstäbchen in Asche verwandelte, während er neben dem Körper seiner toten Mutter kniete, da entstand in ihm in der Erkenntnis des Dahinschwindens allen Seins das Kôan: „Wer bin ich?"

23. Erwecke den Geist, ohne ihn irgendwo zu binden! (Vajrachedikaprajñâpâramitâ-sûtra)

Ich empfehle auch, über die drei großen Tugenden: Dankbarkeit, Ehrfurcht und Demut in stets neuen Wendungen kurz zu predigen. Denn gerade sie sind die ethischen Stiefkinder des Menschen von heute. Über Liebe aber brauchst du nichts zu sagen, vorausgesetzt, daß dein ganzes Wesen nur Liebe atmet, nur Liebe verströmt. Das aber erwarte ich von einem guten Jikijitsu.

Zurück zur Zendô. Es gibt Übende, die im vollen Lotossitz bewundernswert, einer Statue gleich, lange Zeit hindurch auszuharren vermögen. Ihr Geist aber mag umherhuschen. Laß dich nicht täuschen! Es gibt solche, die immer übel sitzen und unter großen Beschwerden leiden. Sie werden zu kurze Sehnen haben, und noch so viel Training läßt die Schmerzen nicht völlig schwinden. Dennoch mögen sie den Geist zur Ruhe bringen. Achte immer auf Augen und Mienen: mit diesen lügt man seltener als mit Worten.

Als Jikijitsu wird es dir anfangs nicht leicht fallen, die Übenden, umhergehend, zu kontrollieren und auf deine eigene Meditation zu verzichten. Du mußt sie aber für dich hintanstellen; gedenke der altruistischen Ideale eines bodhisattva[18]. Mit der Zeit wirst du an dieser Aufgabe gleichfalls reifen und wachsen und schließlich lernen, die aktive Tätigkeit eines Jikijitsu mit der eigenen Kontemplation nahtlos zu verbinden. Übe dich bei dieser Gelegenheit im Gehen, ohne zu gehen. Den Einsichtigen wirst du damit zum Vorbild werden. Je mehr du dich selbst im Zen vervollkommnest, umso größer deine Glaubwürdigkeit.

Oftmals sitzen Jünger mit herabgezogenen Mundwinkeln und grimmigen Gesichtern. Auch bei Japanern kommt dies zuweilen vor. Ich habe Mönche beobachtet, die geradezu erschreckend „böse" vor sich hinzustarren schienen. Allerdings soll eingeräumt werden, daß jene Rollbilder, die den ersten Patriarchen Bodhidharma zeigen, ebenfalls gelöste Heiterkeit vermissen lassen und er uns eher mit einem wild-bewegten, oder, so man will, dynamischen Gesichtsausdruck entgegenblickt. Demgegenüber gibt es aber eine erhebliche Anzahl von Bildern, die chinesische Patriarchen oder einfache Mönche zum Gegenstand haben, die vor Heiterkeit geradezu überquellen. — Um wieder auf die Gegenwart zurückzukommen: Es ist beglückend, japanisch-buddhistische Nonnen zu betrachten, deren gütige und gleichzeitig heitere Strahlkraft ohnegleichen ist. Zusammenfassend bin ich der Meinung, daß man grimmige Gesichter bei Seminaristen nicht gerade günstig bewerten kann. Die Mienen sollten jedenfalls fröhliche, gelassene Heiterkeit widerspiegeln. Man kann aber nicht auf Befehl heiter sein, insbesondere dann nicht, wenn man von Schmerzen in den Beinen und im Rücken geplagt wird. Versuchte man es dennoch, so käme an Stelle von Heiterkeit, von gelöstem Lächeln — ein Grinsen zustande. Der grimmige Gesichtsausdruck wird erst nach und nach schwinden und einer strahlenden Heiterkeit Platz machen, die aus dem Inneren hervorbricht, sobald man den vielfachen Segen der Gelassenheit erreicht hat.

In der ersten und dritten Sitzperiode geht der Jikijitsu mit dem Keisaku umher. Symbolisch das Schwert des Manjuśri (s. w. u.) darstellend, hat er vielfache Aspekte. Vorerst gilt er als Warnstab. Wenn man vor dem Übenden langsam vorbeigeht und seine Konzentration mangelhaft ist, wenn er dich bemerkt, dann soll ihn der Stab warnen und zu größerer Achtsamkeit anspornen. Er wird aber auch zur Erteilung von Strafschlägen eingesetzt, wenn der Übende einnickt, zu schlafen oder gar zu schnarchen beginnt. Schlaf und Schläfrigkeit gelten bei der Meditation als ärgste Übel. Während die anderen ausrottbar sind, so man ihrer gewahr wird, kommen Schlaf und Schläfrigkeit auf leisen Sohlen daher und nehmen dir die Möglichkeit, dich dagegen zur Wehr zu setzen. — Andererseits wieder werden Schläge zur Belobigung oder zum Ansporn ausgeteilt, wenn der „Durchbruch zur Wirklichkeit" zu erwarten ist[19]. Ein weiterer Aspekt des Keisaku ist vielleicht der wichtigste; vor allem findet er die meiste Beachtung: man kann um Schläge bitten (indem man das Gasshô macht und geduldig wartet, bis der Jikijitsu herankommt), wenn man sich ermattet fühlt, wenn, insbesondere nach langen Sitzperioden, im Rükken die Schmerzen immer heftiger werden, oder wenn der Geist „wie eingefroren" ist und man ihn auftauen lassen will. Darüber hinaus kann man den Jikijitsu bei starken Rückenschmerzen um eine kurze, aber intensive Massage bitten.

Das Schlagen auf Verlangen ist schwierig auszuüben. Nicht das Handwerkliche, wohin man zu schlagen hat; das hat man leicht erlernt. Aber jeder Schüler braucht andere Schläge. Man muß sich in den Übenden versenken und dann darauf warten, bis *„es schlägt"*. Das richtige Schlagen erfordert eine große Anstrengung: das Warten, das Schlagen selbst und das wieder Herausfallen aus dem Schlag . . . Man kann als Jikijitsu nach vier Sitzperioden davon ziemlich erschöpft sein, vorausgesetzt, daß man den Verpflichtungen mit letzter Hingabe nachkommt. Dennoch bleibt es Tatsache, daß es gute und weniger gute Stockschläge gibt. Deshalb gebe man sich mit seinen Leistungen nie zufrieden. Wenn deine Jünger klagen, sie würden durch die Geräusche des Keisaku immer wieder aus der Sammlung gerissen, sage ihnen, sie möchten jeden Schlag, den sie hören, als einen solchen des Schicksals hinnehmen. Sie *müssen* den Störungen des Alltags gegenüber unempfindlich werden. Verweise auf die berühmte gâthâ des Daitô Kokushi (s. letzter Abschnitt). Was hülfe es, nur in jener kurzen Zeitspanne des Sitzens in der Zendô den Geist in Sammlung zu halten und danach unverändert, unverwandelt der zu bleiben, der man immer war? Fordere deine Jünger unablässig auf, meditative

Haltung in jeder Gemütslage zu bewahren. „Der Alltag werde zur Zendô!"

Es mag vorkommen, daß während des Zazen ein Übender in Lachen ausbricht. Sei dabei nicht zu hoffnungsvoll, indem du es als ein metaphysisches Gelächter bewertest, das als Vorbote oder gar als Kriterium für die Kenshô gelten könnte; es mag einfach ein hysterisches Lachen sein.

7. „Gongt ES bereits?" — die Kunst des Gongens

Fünf Minuten vor jedem Programmpunkt wird gegongt. Diese Aufgabe mußt du besonders ernst nehmen. Zu Beginn deiner Laufbahn als Jikijitsu werden Gong und du weit voneinander getrennt sein. Von echtem Zen-Verständnis ist noch wenig vorhanden. Erst nach Jahren kommt man dahinter, wie ES gongt. In den Gong „hineinzufallen", bringt Gefahren mit sich, denen du dich stellen mußt. Lerne diesen geradezu mystischen Vorgang kennen. Sich danach wieder aus dem Gong herauszureißen, erfordert zuweilen große Überwindung. Wenn es dich zu sehr erschöpft, mußt du etwas aussetzen und einen Ersatzgonger bestellen. Die Vorgangsweise des „ES gongt" ist demjenigen, der sie noch nicht selbst erfahren hat, unverständlich[20]. Es bedeutet, in diesem Augenblick die Subjekt-Objekt-Diskriminierung zu überwinden. Hier warten auf dich mannigfaltige Täuschungen, vor allem die einer autosuggestiven Verirrung. Warte ruhig und ohne Anstrengung, steigere dich willentlich nicht in eine ungesunde, vor allem aber unzenistische Gemütslage hinein. Dennoch kann es eine nicht unerhebliche Anstrengung bedeuten, aus dem Gong wieder herauszufallen, die Einheit wieder zu verlassen und in die Bewußtseinslage der alltäglichen (und verblendeten) Zweiheit zurückzukehren. Denn aus der Einheit mußt du immer wieder in die Welt der Vielheit zurückfallen, wenn es dir noch so schmerzlich ist. Denke an den bodhisattva-Weg! — „Wie solltest du das Seminar weiterleiten, bliebest du im Gong?"

Man wird nur zu leicht verleitet, das „ES" zu strapazieren. „Es gongt", „Es schlägt", „Es malt" . . . Man sollte Vorsicht walten lassen. Vielleicht bist noch immer DU es, der gongt, schlägt, malt . . . Geh mit dem ES sparsam um, es nützt sich ab, wie alles andere auch . . .

Manchmal gonge noch immer ICH. Dann komme ich mir vor wie einer, der bei einer Lüge ertappt wurde. — Ähnlich verhält es sich mit der Glocke, mit den Hartholzstäben und mit dem Keisaku. Alle diese Tätigkeiten, die du verpflichtet bist, ständig auszuüben, sind die wundervollsten Übungen, dein Selbst zu verlieren. Hüte dich davor, auch nur ein einziges Mal aus der Routine heraus zu handeln! „Routine ist der Tod alles Guten."

8. „Nütze jede Möglichkeit, dein Zen-Verständnis anzubieten" — das Geheimnis um Verbeugung und Gasshô

Belehre deine Jünger dahingehend, daß du, vor dem sie sich verbeugen, vorerst nichts anderes bist als ein provisorisch dienliches upâya. Setzen sie dir wegen der ungewohnt tiefen Verbeugung dennoch Widerstand entgegen und sind sie areligiös, so daß du mit den Argumenten der Demut vor dem Absoluten nicht an sie herankommst, so erinnere sie wenigstens an ihre geplagten Bandscheiben, vielleicht werden sie dann williger mitmachen. Dem Fortgeschrittenen wird ersichtlich, daß er sich vor der ihm innewohnenden Buddhanatur verbeugt. Da wir kein Kôan-Studium (s. w. u.) betreiben, gibt die Verbeugung uns Gelegenheit, damit täglich mehrmals unser Zen-Verständnis anzubieten. Es ist damit ähnlich wie mit dem Ein-Finger-Zen, über das Chü-chih auf seinem Totenbette sagte: „Von Tien-lung habe ich das Ch'an des Einen Fingers erhalten, und mein ganzes Leben habe ich es benutzt, ohne es zu erschöpfen." — Lehre die hohe Kunst der Verbeugung, indem du dich ständig selbst verbeugst, jedoch ohne dies sichtbar werden zu lassen, d. h., sei stets ehrfürchtig, demütig und dankbar gegenüber allem Belebten wie Unbelebten. Deine Schüler werden dich begreifen.

Dem Gasshô kommt eine womöglich noch größere Bedeutung zu. Gasshô, das Aneinanderlegen der Hände, Fläche gegen Fläche (im Abendlande nur als Gebetsgeste bekannt) ist eine der vielen mudrâ, die insbesondere im esoterischen Buddhismus (im tibetischen Vajrayâna, in den chinesischen Schulen Chên-yen und T'ien-t'ai und in den japanischen Sekten

Shingon und Tendai) größte Bedeutung hat. In der Esoterik wird die Hand zum mandala[21]. Die mudrâ ist Geste, geheime Sprache der Hände. Die ausgefeilte japanisch-buddhistische Symbolik kennt nicht weniger als 295 verschiedene mudrâ; allein das Gasshô kennt 12 Differenzierungen! Zen hat dieser Hypertrophie gesteuert und verwendet nur ein einziges: das „Gasshô des aufrichtigen Herzens". Das kräftige Aneinanderdrücken der Handflächen soll die Kraft innerer Kontemplation ausdrücken; deshalb wurde gesagt: „Direkter Einblick ins menschliche Herz, seine eigene Natur erkennen und zum Buddha werden."

Werde nicht müde, Gasshô darzulegen. Demonstriere es immer wieder und verweise auf den tiefen Sinn, der hinter der Gestik liegt. Die Linke symbolisiert das Herz (oder die Buddha-Natur) des Grüßenden oder Verehrenden, die Rechte den zu Begrüßenden oder zu Verehrenden. Gasshô bedeutet: Bitte! Danke! Verzeihung! Es wird von den Mönchen vor den meisten Verrichtungen geübt, wobei der Geist des chinesischen Ch'an-Dichters P'ang-yun lebendig wird, der da sagte: „Wunder über Wunder! Ich schöpfe Wasser, ich trage ein Bündel Stroh." Laß die Wunder der Alltäglichkeit immer wieder aufleuchten!

Im Gasshô gehe ich von der Zweiheit (den beiden Händen) aus, die sich in der Geste zur Einheit finden, um danach wieder zur Zweiheit zurückzukehren. Dies aber bedeutet für mich: aus der Pluralität kommend, trete ich in die Welt der Einheit ein und wende mich (dem bodhisattva-Gelübde treu) wieder der Welt der Vielheit zu. — Ein Meister sagte einmal: „Wenn Gasshô spontan gemacht wird, ehe man ein heißes Bad nimmt, eine Tasse Tee trinkt, ehe man auf die Toilette geht, oder zu Zeiten, da uns Schmerzen und Sorgen heimsuchen, dann hat man auf dem Buddha-Weg seinen ersten Schritt jenseits der Philosophie getan."

Da nach jedem Ein- und Ausläuten der Sitzperioden das Gasshô erfolgt und auch sonst im Tagesablauf der o'Sesshin vieles mit Gasshô geregelt wird, bietet sich dem Seminaristen reiche Möglichkeit zur Übung. Gerade deshalb muß er sich vor nichts mehr in acht nehmen als vor den Gefahren der Routine. Unsere mudrâ wird bedeutungslos, wenn sie nicht von innen her mit Geist und Herz erfüllt ist. Daher muß jeder darauf achten, daß er Gasshô stets in vollendeter Bewußtheit übt.

Wenn du dich zu Beginn des Zazen vor dem Schreine niederläßt und ein Zündhölzchen anstreichst, dann genieße das kleine Wunder der aufspringenden Flamme. Nimm niemals etwas als selbstverständlich hin! Gedenke der alten japanischen Teemeister. Millionenmal haben sie die Chanoyu geübt und immer wieder ist es ein Erlebnis zu beobachten, mit welcher Hingabe sie das winzige Bambusteelöffelchen zur Hand nehmen, wie sie es handhaben und mit welch gleicher Hingabe sie es wieder zur Seite legen, wenn es den Dienst erfüllt hat. „Bei einem guten Meister ist niemals eine Spur von Routine zu erfühlen!"

Bestimme ein oder zwei Jisha (Teemönche) und laß den Tee zwischen der dritten und vierten Sitzperiode reichen. Der Jikijitsu wird zuerst bedient, dann folgen die Übenden in der Reihe ihrer Sitze. Ein Kotau vorher, ein Kotau danach. Da gewöhnlich zwei Übende gleichzeitig bedient werden, soll eine größtmögliche Harmonie in der Bewegung zwischen diesen und auch dem Jisha bestehen. Achte darauf, daß die Übenden wie die Jisha ein hohes Maß an Dankbarkeit entfalten (die einen, daß sie den Tee erhalten, die anderen, daß sie ihn darbringen dürfen). Trinke mit allen Übenden gleichzeitig und in letzter Hingabe und versuche (jedoch ohne die geringste Gewaltanwendung), einem Zustand nahe zu kommen, in dem der Trinkende mit dem Trank zu einer Einheit verschmilzt, da das Ich „ausfällt". Während des Teetrinkens verlange von allen Übenden die Einnahme des Suwari (Fersensitz).

9. „Der Speisesaal sei die zweite Zendô" — Bemerkungen über die Esseneinnahme

Wir wollen nun einige Probleme besprechen, die sich auf die passende Ernährung beziehen[22]. Die geeignete Kost für die Seminaristen zusammenzustellen, ist nicht ganz einfach. Vegetarier sollte man ermutigen und ihnen Möglichkeiten geben, ihren Lebensgewohnheiten gemäß essen zu können. Aus der Erfahrung weiß ich jedoch, daß mancher Vegetarier von einem Sendungsbewußtsein erfüllt ist und zu missionieren trachtet. Das kann sich leicht zu Intoleranz ausweiten. Steuere dem rechtzeitig.

Wo immer es organisatorisch möglich ist, sollten für Vegetarier eigene Tische bereit stehen, während den anderen Seminaristen gemischte Kost gereicht wird. Dulde keine Diskriminierung und schneide Debatten sogleich ab. — Ein berühmter Theravâda-Mönch pflegte, ehe er Einladungen für Mönchsbrüder, in sein Heimatland zu kommen, aussprach, deren Essensgewohnheiten zu erkunden und dementsprechend Vorsorge zu treffen. Er war der Meinung, daß unzweckmäßige, aber auch ungewohnte Ernährung sich auf die Meditation negativ auswirke. Von Übersättigung ist abzuraten, da der Geist träge wird. Fasten ist nicht allen bekömmlich; gestatte es dem Einzelnen jedoch auf dessen ausdrückliche Bitten.

Vor der Mahlzeit verkünde einen passenden Tagesspruch[23]; und wenn du ihn schon tausendmal gesprochen hast, schaffe ihn in diesem Augenblicke neu. Falle zuerst so tief wie möglich in ihn hinein und warte, bis er wieder an die Oberfläche steigt.

Das Essen in richtiger zenistischer, mehr noch: allgemein gültiger buddhistischer Weise einzunehmen, darauf sollst du größtes Gewicht legen. Beim Essen wird man ausschließlich mit dem Essen beschäftigt sein und seinem Geist nicht gestatten, daß er umherwandere. Im Sinne des satipatthâna nimmt man den Eßvorgang in allen Einzelheiten wahr. Man beobachtet, wie die Gabel den Bissen zum Mund führt, wie die Schneidezähne ihn zerteilen, die Mahlzähne ihn zermalmen, wie der Bissen mit Speichel durchsetzt wird, wie das Gefühl des spezifischen Geschmackes entsteht und wie man schließlich hinunterschluckt. Selbstverständlich herrscht nun unbedingtes Schweigegebot. Den Schüler jedoch vom verbalen zum mentalen Schweigen zu bringen, das ist das schwerste. Steuere bei Tisch die wohlmeinende Höflichkeit, etwa den Tischnachbarn zu bedienen, ihn aufzufordern, dem Gericht weiter zuzusprechen u. dgl. m. Man erbittet Dinge, wie Salz, Butter etc. mit einem Gasshô, man bedankt sich mit einem Lächeln und kehrt zum satipatthâna zurück. Allerdings muß ich in diesem Zusammenhang auf eine Gefahr aufmerksam machen, die insbesondere bei Anfängern zu beachten ist. Durch das ungewohnte Schweigen und durch die allein dem Essensvorgang zuzuwendende Aufmerksamkeit kann eine Verkrampfung entstehen, wobei der Übende ängstlich auf seinen Teller starrt und kaum zu atmen wagt. Daher sollte selbst satipatthâna leicht und locker geübt werden. Beobachte bei Tisch die Gesichter deiner Seminaristen. Dies kann aufschlußreicher sein als manches Dokusan. Erfolg oder Mißerfolg beim letzten Zazen spiegeln sich gewöhnlich in den Mienen wider. Eine gute Sitzperiode, und der Zen-Jünger wird danach heiter, gelassen und ruhig das Essen einnehmen. Eine vorangegangene schlechte Sitzperiode, und die Augen werden umherwandern oder die Mienen verkrampft sein.

10. „Erst wer jenseits von Reden und Schweigen angelangt ist, ist am Ziel!" — das Wort als zweischneidiges Schwert

Diskussion und Streitgespräch waren in Indien zu allen Zeiten beliebt, wogegen die Harmonie im Gegensätzlichen das Uranliegen der Chinesen war. Die Polemik der Inder liegt dem der Debatte zugeneigten Abendländer näher als die fernöstliche Geisteshaltung. Die Diskussion hat im Zen keinen Platz. Darüber hinaus ist das Endziel im Zen die Überwindung der Gegensatzpaare, in die unser unerleuchteter Denkakt eingespannt ist. Deshalb sollte man sich die Weisheitsworte der alten Chinesen zu Herzen nehmen.

Ein schwieriges Problem ist es, wie man dem abendländischen Jünger entgegentreten, wie man sich praktisch dem Wort gegenüber verhalten soll. Keinerlei Erklärungen über das Zazen abzugeben, entspricht zwar der japanischen Tradition, kann aber leicht zu Unzufriedenheit und Verwirrung führen. Man vergesse nicht, daß der Japaner intuitive Fähigkeiten ererbt, daß aber die abendländische Tradition wesentlich rationaler ist; und darauf sollte man Rücksicht nehmen. Vor allem könnte durch einen konsequent schweigenden und keinerlei Erklärungen abgebenden Jikijitsu wertvolle Zeit verloren gehen, die bei einem Wochenseminar sicherlich nicht einholbar wäre. Doch hüte man sich vor dem anderen Extrem, vor der Geschwätzigkeit, vor dem Zu-viel-Sagen.

Verachte nicht das Wort, lote nur seine Möglichkeiten aus. Allein Zazen und sonst nichts zu üben, hat nicht einmal der größte unter den Meistern, die Shikantaza lehrten, nämlich Dôgen Zenji, empfohlen.

Das unumgängliche sûtra-Studium stellt das Gleichgewicht her. Der Intellekt darf nicht zertrümmert werden; das würde sich bitter rächen. Schweigen und Reden stellen auch eine Polarität dar. Daher der echte Zen-Stoßseufzer: „Ach, wäre ich doch jenseits von Reden und Schweigen!"

Jedes Wort, das du während der o'Sesshin sprichst, muß genau bedacht sein, und dennoch darf der Fluß der Spontaneität nicht durchbrochen werden. Die in Sätze geformten Gedanken müssen wie von selbst aus dir herausfallen. Die große Kunst besteht eben darin, daß das Wort zwar auf eine Wirkung berechnet sein muß, ohne daß jedoch beim Hörer der Verdacht einer Berechnung entsteht. Es ist, als entstünde das Wort erst in diesem Augenblick. Wenn du Gedanken alter Meister vorträgst, so kommt es darauf an, in die tief-innere Bedeutung des Satzes geradezu „hinein- oder hinunterzufallen" und diesen Satz, indem du ihn aussprichst, *neu* zu gebären, zu schaffen, Nachschöpfer des Gedankens zu werden.

Bedenke, wie schnell das Wort sich abnützt; suche immer neue, um der Erstarrung, auch der Schläfrigkeit vorzubeugen.

Die nur immer sitzen wollen und das Wort verschmähen: bringe sie zum dharma zurück und veranlasse sie, die sûtra zu studieren. Erinnere sie daran, daß es in der Geschichte des Zen eine Periode unbeherrschter Textstürmerei gegeben hat und daß unter dem Einfluß solcher Extremisten das Wort jegliche Bedeutung verlor, daß man statt dessen Zen in absonderlicher Weise zu „demonstrieren" begann, indem man die Augenbrauen hochzog, ausspie, prügelte, ohrfeigte. Du weißt, daß all das nur in einer Sackgasse mündete und daß man sich wieder zu einem Mittleren Wege bereitfand. — Die am Worte haften, dem Worte glauben, am Worte hängen: schränke ihre Lernbegierde ein und laß sie sitzen und immer wieder sitzen! Stets sollst auch du den Mittleren Weg anpeilen. Schweigen ist nicht besser als Reden, wenn du am Schweigen haftest. Natürlich sollte bei den Seminaren auf das Schweigen hingearbeitet werden, aber *nur* deshalb, weil der durchschnittliche Mensch sich in seiner alltäglichen Geisteslage eben doch viel eher dem Reden hingibt.

Nur Zazen zu üben, das ist — um an eine chinesische Erzählung zu erinnern —, als poliere man unentwegt einen Ziegel und erwarte, daß er sich in einen Spiegel verwandle[24]. Der Buddha hat nicht nur die wortlose Blumenpredigt gehalten, sondern zehntausend sûtra verkündet. Strebe daher der Mitte zu. Wann immer du sie verläßt, verläßt du das Buddhadharma. Vergiß nicht, Zen ist nur eine Façette dieses herrlichen, unfaßbaren Juwels!

Man sagt, im Zen brauche man nicht zu reden, es genüge, Zen vorzuleben. Wenn jede deiner Poren Zen atmet, wozu dann Worte, die die „Wirklichkeit" nie treffen? Es besteht kein Zweifel, daß dem so ist, so wäre; allein, wer unter deinen Jüngern verstünde schon die wortlose Predigt? Die wenigsten. Darum getrost: Rede und schweige im Zen! Bediene dich des Wortes, es ist eines der wichtigsten upâya, die wir haben. — Neben dem sûtra-Studium bereite Anekdoten und Aphorismen der alten Meister auf. Du weißt ja nicht, welcher Satz, welches Wort es ist, das in deinen Jünger hinunterfällt, das er gerade *jetzt* braucht, damit sich die innere Verwandlung anbahnt. — In der Sprache liegt eine besondere Kraft, nur darfst du sie nicht mißbräuchlich einsetzen. Mitreißend sei dein Vortrag, dennoch frei von jeder Suggestion. Darin aber liegt eine besondere Kunst.

11. „Im Zen begegnet man sogar dem Tode mit Humor" — Zen kennt kein Tabu

Die an sich karge und spröde Zen-Literatur quillt über von Humor. Wer das vergißt und nur mit herabgezogenen Mundwinkeln übt, in dem ist, wie die Japaner es ausdrücken, „zu wenig Tee", der hat für die Tragikomik seiner eigenen Existenz nicht den rechten Blick. Ein Übender mit vergrämten Mienen ist mir immer verdächtig. Selbst die Erleuchtung zeigt als sekundäres Kriterium nur zu oft ein schallendes Gelächter.

Spüre in den alten, vor allem chinesischen Anekdotensammlungen den Humor auf; erfreue deine Jünger mit Aussprüchen von Hui-nêng, Huang-po, Lin-chi, Pu-hua, Ma-tsu, Chie-hsin, Teng-yin Feng, Fo-ying, Hakuin und manch anderen und wirke dadurch ausgleichend gegenüber der ernsten sûtra-Literatur[25]. Humor und Tod ergeben eine gute Mischung. So wird der letzte Atemzug eines Menschen, insbesondere wenn es sich um einen erleuchteten Mönch handelt, oftmals zum Anlaß für ein Gelächter. Dazu eine kleine, aber köstliche Geschichte.

Die gewöhnliche Stellung für Zen-Mönche, die sterben, ist die sitzende, im Zazen. Der dritte Patriarch Seng-ts'ang jedoch starb stehend im Gasshô. Chihhsing von Huang-ch'i starb im Jahre 905 und fragte seine Diener: „Wer stirbt sitzend?" Sie sagten: „Ein Mönch." Er fragte weiter: „Wer stirbt stehend?" Sie antworteten: „Ein erleuchteter Mönch." Da machte er sieben Schritte vor und starb schreitend mit herabhängenden Armen. — Als Teng-yin Feng in der Diamanthöhle von Wu-tai vor dem Tode stand, sagte er zu den ihn umgebenden Leuten: „Ich habe sitzende und liegende Mönche gesehen, aber ist irgend jemand stehend gestorben?" „Ja, einige!" „Wie wäre es dann mit einem Kopfstand?" „Darüber hat noch nie jemand etwas gehört." Und Teng starb im Kopfstand. Seine Kleider blieben eng an seinen Körper gepreßt. Man wollte ihn zur Verbrennungsstätte bringen, aber er blieb unbeweglich auf dem Kopfe stehen. Von weit und nahe bestaunte ihn die Menge. Zufällig war seine jüngere Schwester, eine Nonne, auch zugegen. Sie aber brummte ihn an und sagte: „Als du noch unter den Lebenden weiltest, kümmertest du dich schon nicht um Gesetz und Sitte, und jetzt, da du tot bist, bist du noch immer ein Quälgeist." Dann stieß sie ihren Bruder mit dem Finger an, und er fiel mit einem Bums zu Boden. Daraufhin brachte man ihn zur Verbrennungsstätte. —

Das befreiende Lachen zu besitzen und es vermitteln zu können, ist eine besondere Gabe. Es ist mir keine religiöse Form der Menschheit bekannt, die das Zwerchfell mehr strapaziert als das Zen.

12. „Kein Wort sollte deinen Mund verlassen, das du nicht selbst erlebt hast" — Einstimmung, Rundgespräch, Teishô und Vortrag

Sollten bei deiner o'Sesshin vorwiegend Fortgeschrittene sein, so empfehle ich zu Beginn und als Haupteinstimmungstext das Hsing-hsing Ming des dritten Patriarchen Seng-ts'ang. Und das deshalb, weil dieser Frühtext (um 600 n. u. Z. verfaßt) aus dem chinesischen Ch'an einer Epoche angehört, da es sich von Philosophie noch nicht getrennt hatte. Hier werden Gedanken vermittelt, die der normal arbeitenden Ratio gerade noch verständlich sind, und dennoch werden sie bereits bis an ihre Grenzen, zuweilen schon über sie hinausgeführt. Gewinne diesem kostbaren Text immer wieder neue und eigene Kommentare ab und bewahre damit seine für alle Zeiten gültige Lebendigkeit.

Sollten sich jedoch vorwiegend Anfänger zu deiner o'Sesshin eingefunden haben, so arbeite für sie wie bereits erwähnt (s. Anm. 9) einen passenden Einführungsvortrag aus. Verweise auch auf die beiden Wurzeln des Zen: auf die Metaphysik des buddhistischen Mahâyâna und auf die Naturmystik des frühen Taoismus. Bringe jedoch vorerst keine schroffen Formulierungen und erschrecke den potentiellen Zen-Jünger nicht voreilig mit irrationalen Aussprüchen. Früh genug werden ihm die Augen aufgehen, worauf er sich eingelassen . . . Es hat sich als zweckmäßig erwiesen, am Abend des ersten Übungstages die Anfänger zu einem Rundgespräch einzuladen. Vermeide dabei jedoch Diskussion und Polemik, biete vielmehr nur Information. Versuche vor allem, das gesamte Anliegen des Zen — unterstützt durch passende Aussprüche alter Meister — herauszuarbeiten und darüber Fragen zu beantworten. Natürlich wird man dich bestürmen, was wohl das Satori (Erleuchtung) sei und wie es sich manifestiere. Laß dich nicht auf eine tiefenpsychologische Analyse des Satori ein; es führt zu nichts. Empfiehl von allem Anfang an, grund- und ursachlos zu sitzen und Zazen nicht als Mittel zu einem Zweck (des Satori) zu betrachten, sondern absichtslos zu üben, absichtslos zu werden. Und noch ein Rat: Dulde während des ganzen o'Sesshin keine Gruppen- oder Grüppchenbildungen; nur zu leicht kann dein Seminar zu einem Tee- (oder noch schlimmer: Kaffee-)Kränzchen ausarten.

Die in Japan immer vom Rôshi gehaltene Teishô ist in der ursprünglichen Struktur dem Abendländer unverdaulich. Es ist dies eine zumeist irrationale Begebenheit, die von einem Meister der Vergangenheit erzählt. Der Rôshi schließt seine eigenen Kommentare an, die meist genauso irrational klingen. So wurde ich Monate hindurch mit der Frage gequält, warum der nichtbärtige Barbar aus dem Westen gekommen sei. Die Frage zielte auf Bodhidharma, einen Inder, der aber, im Gegensatz zum Chinesen, sehr wohl bärtig war. — Das Anliegen der Teishô ist, den Jünger in die Übergegensätzlichkeit zu führen.

In einem Wochenseminar für Abendländer, insbesondere wenn es sich um Anfänger handelt, ist an eine original-japanische Teishô nicht zu denken; doch gibt es eine Fülle von Möglichkeiten, Kurzvorträge zu halten und dem ursprünglichen Anliegen der Teishô zumindest nahe zu kommen (s. w. u.). Damit aber steuern wir die Gefahr eines Quietismus, der potentiell immer im Shikantaza schlummert. Der Aphorismus ist die wesentliche literarische Form des Zen. Mache dir die Aphorismen zunutze und verwende sie oftmals in deinen Lehrunterweisungen. Denke daran, vieles nur anzudeuten. Der Jünger soll, weiterarbeitend, den Gedanken zu Ende führen, nicht aber ein fertiges Gedankengebäude vorfinden. Auch der Widerspruch, weise dosiert, kann sehr wohl eine positive

Wirkung hervorrufen. Er ist der Asymmetrie fernöstlicher Kunst vergleichbar, die anregt, wohingegen in der Symmetrie die Gefahr der geistigen Erstarrung liegt.

Welche Texte du auch immer vorträgst, sei es in der Teishô, sei es im Abendvortrag, so mußt du selbst davon vollkommen durchdrungen sein. Ein bloßes Ablesen aus deinem Manuskript ist ungenügend. Verwende eigene Arbeiten und stütze dich nicht zu sehr auf Bücher anderer Autoren. Nur was du dir selbst schaffst, ist von innen her erarbeitet und wird deine Jünger mitreißen. Die Seminaristen fühlen, ob du ergriffen, ob du überzeugt bist von dem, was du sagst; oder ob du eben doch nur herunterliest — und sogleich werden deine Zen-Jünger innerlich (wenn nicht gar äußerlich) zu gähnen beginnen. Betrachte immer ihre Augen. Wehe, wenn sie glasig werden!

Wer Noten heruntergeigt, und wenn er sie noch so genau trifft, verfehlt die Musik. Der Geist des Komponisten liegt zwischen den Notenzeilen, den Notenköpfen und den Pausen. Ebenso ist es, wenn du einen erleuchtenden Text oder eine gâthâ (ein Erleuchtungsgedicht) vorträgst. „Buchstabe und Satz sind Rohmaterial, sonst nichts."

Dem Problem, Zen der westlichen Mentalität anzupassen und es dennoch im Kern unberührt zu belassen, versuche ich so zu begegnen, daß ich Teishô und Vorträge dem abendländischen Geschmack entsprechend gestalte, wogegen alle anderen Teile der o'Sesshin unangetastet japanisch bleiben. Das soll nun wieder nicht heißen, daß in Teishô und Vortrag außerbuddhistische und außertaoistische Elemente einen Platz hätten. Der Gefahr eines schrankenlosen Irrationalismus oder Antirationalismus aber wird der Zen-Lehrer zu begegnen wissen; auf geschickte und behutsame Weise, auf dem Umweg der vom Abendland vergötterten Ratio, weist er den Übenden auf einen Weg, den dieser zuerst wittert, dann begreift und schließlich beschreitet.

Den bodhisattva Manjuśrî, der die transzendentale Weisheit symbolisiert und in Japan in jeder Zendô seinen Platz hat, kann man zu Beginn einer o'Sesshin in seiner Mehrdimensionalität vorstellen. — Ein Bodhisattva ist ein Erleuchtungswesen, der Heiligentyp spätbuddhistischer Ausprägung, die Verkörperung des höchsten nur denkbaren Altruismus. Auf Grund seines heiligmäßigen Lebens wäre ihm der Eintritt in den Heilszustand gewiß. Von unendlichem Erbarmen getrieben, verzichtet er jedoch darauf, solange noch unerlöste Wesen in dieser Wandelwelt gefangen sind, und bleibt, ewig helfend, ewig dienend, dem samsâra (Geburtenkreislauf) treu.

Der Mehrdimensionalität der Erscheinungswelt entsprechend, hat der bodhisattva verschiedene Aspekte, die ikonographisch differenziert dargestellt werden. Der berühmteste und in ganz Asien bei weitem beliebteste bodhisattva ist zweifellos Avalokiteśvara (Kwannon), die Personifikation der Güte und Liebe. Verständlich jedoch ist es, daß Manjuśrî, der die transzendentale Weisheit verkörpert, eine ähnliche Beliebtheit niemals erringen konnte, denn es ist nun einmal leichter, Milde und Liebe als Weisheit zu entfalten.

Manjuśrî wird mit 4 Armen und Händen dargestellt. Sein Gesicht ist „durchstrahlt vom Feuer jugendlicher Schönheit und erfüllt mit Weisheit eines vollkommen Erleuchteten". Die beiden linken Hände zeigen das passive, die beiden rechten das aktive Element. Wir sehen in der einen Hand das Prajñâpâramitâ-sûtra, das Buch der transzendentalen Weisheit, in welcher die Lehre von der Leerheit (śûnyatâ) aller Dinge verkündet wird, in der anderen den Lotos, eines der schönsten Symbole. Es bedeutet sowohl die Übergabe der eigenen Existenz an den Ursprung als auch den Gedanken, daß, gleichwie der Lotos im Schlamme wurzelt und doch seine Blüte makellos rein erhebt, es sich ebenso um das Wissen handelt, das aus dem Schmutz der Leidenschaften hervorbricht. Der sich dem Manjuśrî Weihende lebt in der Welt und wird doch nicht mehr von ihr befleckt. — Das Schwert der unterscheidenden Erkenntnis in der rechten (aktiven) Hand symbolisiert den Sieg der

Weisheit über die Verblendung und steht direkt für Erleuchtung. Dieses Schwert soll alle Attribute, mit denen Objekte bezeichnet werden, abschneiden, das diskriminierende Denken in Gegensatzpaaren zertrümmern, Polarität von einem Sein und Nicht-Sein beheben und den Übenden in die Übergegensätzlichkeit hineinführen.

In der zweiten rechten Hand befindet sich die Glocke. Sie steht für Warnen und Rufen, vor allem aber ist sie ein Symbol für die Vergänglichkeit: „Die phänomenale Welt ist wie der Klang einer Glocke: er wird zwar wahrgenommen, doch kann er nicht festgehalten werden." — „Alle Dinge schwinden dahin, sie bestehen nur durch die Sinne und das Bewußtsein des Beobachters. In sich jedoch haben sie keine Realität."

Die fünfzackige Krone auf dem Haupt des Manjuśrî schließlich deutet auf die fünf verschiedenen Aspekte, die dieser bodhisattva symbolisiert.

In jeder japanischen Zendô steht auf dem Schrein als ideelles Kultbild der bodhisattva Manjuśrî und nicht der historische Buddha.

Ob man jedoch eine solche Statue auch während eines Seminars aufstellen läßt, ist nicht leicht zu entscheiden. Man sollte auf das Credo der Seminarteilnehmer, aber auch auf die Gastgeber (etwa katholische Klöster) Rücksicht nehmen. Trotz eingehender Erklärungen: daß der Jikijitsu, der vor Manjuśrî verehrend den Kotau vollzieht, dies weder vor einem Götzenbild noch vor einer mythologischen Figur oder einer historischen Heilsgestalt tue, sondern vor dem Manjuśrî in sich selbst, d. h. vor den eigenen potentiellen Erleuchtungsmöglichkeiten — entstand, nach meiner Erfahrung, doch bei dem einen oder anderen Übenden Unbehagen. Das läßt sich aber vermeiden. Auch eine Blüte auf dem Schrein kann zum Erleuchtungssymbol werden.

Welchen Vortrag sollte man auswählen, wenn nur ein Wochenende zur Verfügung steht und wenn die Übenden Anfänger sind? Ich empfehle meinen Beitrag zu Professor Bitters Sammelband „Meditation in

Religion und Psychotherapie" (Ernst Klett-Verlag, 2. veränderte Auflage) unter dem Titel „Zen — aus japanischer Sicht", worin die fünf wesentlichen Aspekte, nämlich Bombô-, Gedô-, Shôjô-, Daijô- und Saijôjô-Zen[26] und die kulturellen Auswirkungen dieser Richtungen besprochen werden. — Nachfolgend bringe ich eine Liste von Themen, die ich bei Wochenseminaren in Teishô und Vorträgen behandle.

A. Die Teishô

1. Über Wesen, Zweck und Methoden der Originalteishô.
2. Aussprüche chinesischer und japanischer Meister zu den Themen: „Ohne Nutzen", „Atem", „Berge sind Berge . . .", „Nicht-Zweiheit", „Wirklichkeit", „Schau" und „Spontaneität".
3. Sprichwörter und Anekdoten.
4. Gâthâ und Gedichte.
5. Erleuchtungsberichte.
6. Humor.
7. Vom Wesen des Kôan-Studiums.
8. Beispiele aus dem Tetteki Tosui (der Eisernen Flöte ohne Mundstück, die verkehrt herum angeblasen wird).
9. Weisheitsworte.
10. Meditative Gedanken über die Vergänglichkeit.
11. Der Ochs und sein Hirte. Auf dem Wege zum bodhisattva.
12. Die Senryû (satirische Zen-Verse).
13. Han-shan. (Aus den 150 Gedichten vom Kalten Berg).

B. Der Abendvortrag

I. Gruppe: Beiträge zur Geschichte des Ch'an und Zen

1. Die mahâyânistische Wurzel.
2. Die taoistische Wurzel.

3. Von der „Blumenpredigt" bis zum 6. Patriarchen.
4. Leben und Lehre des Hui-nêng (das Plattform-sûtra).
5. Die chinesischen Großmeister Huang-po, Lin-chi, Ma-tsu etc. etc.
6. Das frühe Zen in Japan.
7. Dôgen und Hakuin (2—3 Abende).

II. Gruppe: Das sûtra-Studium

1. Prajñâpâramitâ (transzendentale Weisheit, vom andern Ufer aus verkündet).
2. Avatamsaka (das Blumenschmuck-sûtra).
3. Lankâvatâra (Predigt an die Bewohner Sri Lankas).
4. Vimalakîrti (Predigt über den gleichnamigen Millionär).

Dieses auf viele Abende aufzuteilende sûtra-Studium läßt sich bereichern durch eigene Kommentare zu passenden Textstellen aus dem Blickwinkel der Madhyamaka- und Yogâcâra-Schulen[27].

III. Gruppe: Zen und die Kunst-WEGE

1. Die verschiedenen Künste als Wege zur Erleuchtung und Erlösung.
2. Der Haikudô (das Gedicht als WEG — 2 Abende).
3. Der Chadô (Teeweg).
4. Kyudô und Kendô (die Wege des Bogens und Schwertes).

IV. Gruppe: Eigene Zen-Predigten

1. Das Apokryphe sûtra des Hung-lei (1 bis 3 Abende).
2. Der bodhisattva (der Heilige in Philosophie und Legende, 1—3 Abende).
3. Die Mysterien des Todes.

4.—8. Aus den Predigten der Jahre 1966, 1967, 1968, 1974 und 1975.

V. Gruppe: Verschiedenes

1. Das Leben in einem Zen-Kloster.

2. „Weisheit, Lyrik und Humor im Zen" (eine Sammlung, die du selbst anlegen kannst und die Stoff für ein ganzes Wochenseminar bilden mag).

Lerne aus einem Fehler, den ich oft beging: dosiere das Material und bringe nie zuviel.

13. „Kôan sind Ziegelsteine, um das Tor zur Wirklichkeit einzuschlagen"

Ohne auf die Geschichte oder auch auf die Psychologie der Kôan einzugehen (da sie mit der reinen Praxis unmittelbar nichts zu tun haben), seien zwei Parabeln angeführt, die das Anliegen dieser Methode erahnen lassen. Es ist, als schöbe man einem Manne mit nur einem einzigen Zahn eine Nuß in den Mund. An dieser Nuß (ein Symbol für das Kôan) kaut er nun so lange, bis — man denkt wohl: die Nuß aufgeknackt ist. Allein, dem ist nicht so! Er kaut daran vielmehr so lange, bis — ihm der letzte Zahn (des Intellektualismus) ausfällt. —

Lehrer und Schüler werden oftmals mit einer Henne und einem noch unausgeschlüpften Küchlein verglichen. So wie die Henne vorsichtig an der Eischale pickt, um sie mürbe zu machen, damit das Küchlein heraus könne, ebenso ist es mit dem Lehrer, der mit Hilfe eines Kôan oder anderer Methoden die Eischale des Jüngers bearbeitet, um sie so porös zu machen, daß der Durchbruch zur Wirklichkeit gelinge. Das Wesentliche ist allerdings sowohl beim Küchlein als auch beim Zen-Jünger, daß von außen nur ein Anstoß gegeben wird, daß aber die „Befreiung" aus eigener Kraft bewerkstelligt werden muß.

Du magst Kôan-Studium (an sich eine Ungereimtheit, da man Kôan nicht „studieren" kann; dennoch mögen auch auf diesem Umwege Einsichten entstehen) in Form von Teishô betreiben. Hilfreich sind Aufzeichnungen aus dem Wu-men-kuan, dem Bi-yän-Lu und dem Tetteki Tosui. Hinsichtlich der Auswahl von Textstellen muß man mit großer Behutsamkeit vorgehen, selbst die überlieferten Kommentare subkommentieren und sich dabei der Aufnahmefähigkeit der Seminaristen anpassen. Sollte es sich vorwiegend um Anfänger handeln, so empfehle ich, nicht einmal bei den Teishô auf diese Kôan-Sammlungen zurückzugreifen. — Selbst wenn man dich noch so sehr drängt, hüte dich davor, jemandem ein Kôan im eigentlichen Sinne „anzuvertrauen“[28]; du machst dich lächerlich. Ein Kôan-„Studium“ kann nur bei einem Rôshi betrieben werden, dem man täglich sein Zen-Verständnis anzubieten hat.

14. „Über die seelsorgerische Tätigkeit im Zen" — Dokusan und Dialog

Das Dokusan-Zimmer muß 24 Stunden am Tag geöffnet bleiben, damit der Rôshi (oder bei uns in seiner Vertretung der Jikijitsu) in jedem Augenblick erreichbar ist. Dies wird deshalb als wichtig erachtet, da es ein unreifes, ein reifes und ein überreifes Zen-Verständnis gibt. Wenn dein Jünger ein Hellblickerlebnis zu haben glaubt, muß ihm unverzüglich die Möglichkeit zu einem Gespräch geboten werden, um die Echtheit zu klären. Verschiebt er dies aber, wegen der späten Nachtstunde oder aus anderen Gründen, auf den kommenden Morgen, so könnte der Fall eines „überreifen Zen-Verständnisses" eintreten, und die Chance wäre verpaßt.

Um Dialoge abzuhalten, genügt es, ein gewisses Maß an psychologischem Einfühlungsvermögen und eine solide Beschlagenheit in allen Belangen des Buddhismus zu besitzen. Anders liegen da schon die Dinge mit dem Dokusan. Hier sind langjährige Erfahrungen im Zen Voraussetzung. Denn es muß mit aller Entschiedenheit darauf hingewiesen werden, daß es auch dann nicht immer leicht ist, eine Abgrenzung autosuggestiver Effekte von Phänomenen, die unmittelbar der Meditation entstammen, vorzunehmen.

Das Dokusan ist ein auf die knappste Form gebrachtes Zwiegespräch, ausschließlich das Zazan betreffend, während beim Dialog dem Besucher ein größerer Spielraum und auch etwas mehr Zeit zur Verfügung stehen. Je mehr du dich beim Dokusan der Mondo[29] bedienst, umsomehr mußt du eigene Erfahrungen besitzen. — Gleite beim Dokusan nicht in den Dialog hinüber; diese Versuchung stellt sich zuweilen ein. Dulde beim Dokusan kein Herumreden, schneide freundlich, aber entschieden ab. Verbeugung, Frage, Antwort, etwa Zusatzfrage, Zusatzantwort, Verbeugung. Aus.

Laß deine Schüler niemals nach dem Dokusan über das Ergebnis sprechen. Wenn du selbst einmal das Vertrauen der Geheimhaltung brichst, kannst du deine Tätigkeit als Zen-Lehrer als beendet ansehen.

Ein Thema, das beim Dokusan ständig wiederkehrt, sind die sog. Makyô. Darunter versteht man alle Arten von Erscheinungen, vor allem optische und akustische Halluzinationen. Es wird immer wieder berichtet, daß sich etwa in der Zendô die Maserung des Bodens zu Gesichtern, zu Fratzen verwandelt, daß der Boden sich wellenförmig zu bewegen scheint, daß verschiedenfarbige Lichter und Klänge wahrgenommen werden u. dgl. m. Von diesen an sich harmlosen Makyô führt jedoch ein möglicher und gefahrvoller Weg zur Psychose. Erkläre deshalb diese visuellen und akustischen Visionen und lege Wege dar, wie sie zu überwinden sind. Makyô mögen zugleich verlockend wie furchterregend sein. Der Zen-Jünger soll sie weder herbeisehnen noch vor ihnen flüchten. Der heitere Gleichmut ist die richtige Einstellung, sich von ihnen zu befreien. Wenn sich Makyô einstellen, so ist dieses Ereignis an sich noch nicht negativ zu bewerten, da es auf eine bevorstehende Bewußtseinsveränderung hinweisen *mag.* Dennoch ist es in der Praxis leider meist so, daß der Übende im Makyô stecken bleibt und nichts weiter „nachkommt"[30].

Im Dialog kann es geschehen, daß man dich mit Fragen persönlicher Art, etwa was du selbst bisher erreichtest, oder nach welcher Methode du selbst arbeitest, bestürmt. Weise diese Fragen als belanglos zurück, eine Beantwortung könnte den Jünger sogar in die Irre führen. Legtest du deine eigene Methode[31] dar, nach der du arbeitest, so könnte dies dem Jünger verlockend erscheinen, und er folgte dir darin nach. Doch gerade für ihn mag eine ganz andere Methode geeignet sein. In der Regel sollte man über eigene Erfahrungen, über Erlebnisse, über „Hellblicke" oder die Shôkenshô (die kleine Wesensschau) überhaupt nicht sprechen, dennoch kann ausnahmsweise einmal ein kleiner Hinweis stimulieren.

15. „In der Gegenwart ist keine Heimat" — Verabschiedung

Bei einem Wochenendseminar mit Anfängern ist es vielleicht empfehlenswert, ehe du dich von deinen Schutzbefohlenen trennst, sie noch zu einer kleinen Schlußaussprache einzuladen. Manche werden Fragen auf dem Herzen haben, die sie bisher beiseite schoben. Stelle dich diesen Fragen und erteile nochmals Ratschläge. Erfahrungsgemäß ist es ein praktisches Problem, das immer wieder auftaucht: Das Seminar ist zu Ende, wie soll es nun weiter gehen? Die wenigsten werden in der Nähe ihres Wohnortes einen Kreis von Menschen finden, die zu regelmäßigem Zazen zusammenkommen. So wird man sich, wohl oder übel, mit der Einzelmeditation bescheiden müssen und nur fallweise an einer o'Sesshin teilnehmen. Ein solches Intensivseminar ist allerdings unerläßlich, und der Übende wird die Erfahrung machen, daß die Wirkung, wie bei einer Depot-Injektion, lange Zeit anhält.

Wann ist die geeignetste Zeit, zu Hause Zazen zu üben? Die Stunde der Dämmerung (morgens und/oder abends), wenn die Formen und Farben noch nicht bzw. nicht mehr deutlich sind, hat sich als besonders günstig erwiesen. Ein oder zwei Sitzperioden, regelmäßig geübt, genügen durchaus.

Man sollte zum Schluß auch darauf hinweisen, daß eine Kenshô oftmals nicht während des Zazen entsteht (da eben doch noch ein Warten darauf vorliegt), sondern im Alltag, wenn man die Wesensschau am wenigsten erhofft. Das mag gleichzeitig denjenigen Trost sein, die sich darüber beklagen, daß es während der Sitzperioden zu gar keinen Ergebnissen komme. Das Zazen ist notwendig, doch die „Wandlung" vollzieht sich in solch tiefen Schichten, daß man ihrer nicht gewahr wird und daß die Kenshô „aufbricht", gerade dann, wenn man sie nie und nimmer erwartet hätte.

Die besten Verabschiedungsworte, die ich kenne, stammen von Daitô Kokushi[32] und von Meister Ryôkwan[33]. — In einer gemeinsamen Schlußverbeugung zeige noch jeder Jünger sein Zen-Verständnis und das Maß an Liebe, das er zu entfalten imstande ist. Er demonstriere, wieviel Herzensgüte und Weisheit ihm bei der vergangenen o'Sesshin zugeflossen sind.

Anmerkungen

[1] Pu-hua, der im 9. Jahrhundert n. u. Z. lebte, ist uns aus dem 37. Beispiel des Bi-yän-Lu bekannt geworden. Die Widersprüchlichkeit des Weltgeschehens drückte er mit einem Purzelbaum treffend aus, der, bei aller Komik, doch tiefste Wahrheit bekundet. Von Pu-hua (japanisch: Fuke) „. . . leitet sich eine kleine aber eindrucksvolle Sekte ab, die sich in Japan unter dem Namen Fuke Shû bis in die neuere Zeit erhalten hat, und deren wenige Mönche einzeln, mit verhülltem Gesicht, durchs Land ziehen und ohne Worte, nur durch monotones Flötenblasen, die Leerheit aller Dinge verkünden" (W. Gundert).

Hung-lei, Verfasser des nach ihm benannten „Apokryphen sûtra", ist eine Fiktion. Wenn auch ihm — paradoxerweise — diese Arbeit gewidmet ist, so soll dies auf den Ausspruch des Buddha hinweisen: „Seid euch selbst eine schützende Insel, seid euch selbst Zuflucht, nehmt keine andere Zuflucht . . ." (DN 16).

Pu-hua, der Purzelbaumschläger, und Hung-lei, der Schelm in Buddho, sind humorvolle Aspekte des Zen, die dem tiefen Ernst dieser Arbeit vorangestellt werden. Denn Humor und Ernst sind Gegensatzpaare, die durch Zen transzendiert werden sollen.

[2] Es ist unvermeidlich, daß in die Zendô Geräusche dringen. Diese rufen die unterschiedlichsten Wirkungen hervor. Naturlaute, wie das Rauschen eines Baches, des Regens, das Pfeifen des Windes, das Rufen der Tiere, vertiefen die Einsamkeit und fördern die Meditationen. Dagegen beeinträchtigen Geräusche, die von Motoren herstammen, vor allem aber die menschliche Stimme, und hier insbesondere wieder, wenn sie auf mechanischem Wege (Radio, TV) übertragen wird, die geistige Sammlung, so daß bei Anfängern unter diesen ungünstigen Umständen von „Meditation" überhaupt keine Rede sein kann.

[3] Die Kenshô kennt Abstufungen, wie etwa Shôkenshô, die kleine Wesensschau, die jedem Übenden erreichbar

ist, wobei man allerdings nie voraussagen kann, wann sie sich einstellen werde. Satori (chinesisch: Wu), die Erleuchtung, ist ein Begriff, über den man in Japan so gut wie nie spricht. Da diese Arbeit nur für die Praxis bestimmt ist, wollen wir uns auf Analysen dieser beiden Begriffe hier nicht weiter einlassen; umso weniger, als die Frage, ob Satori mit der Erleuchtung, die der Buddha selbst in Uruvela erfahren hatte, identisch sei, selbst von berufenen Japanern unterschiedlich beantwortet wird. (Siehe dazu ein im angesehenen buddhistischen Journal „Young East", Winter 1975, abgedrucktes Gespräch dreier Universitätsprofessoren: Sayeki Shinko, Nara Yasuaki und Hanayama Shoyu, die dem aufgeworfenen Problem eine eher negative Interpretation geben).

[4] Man denke in diesem Zusammenhang an die berühmte Warnung des Buddha, ein selbst im Schlamm Versinkender möge nicht versuchen, einen anderen im Schlamm Versinkenden herauszuziehen.

[5] Zazen heißt zwar wörtlich „Sitzen (Za) in Versenkung (zen)", doch wird der Begriff Za viel weiter gefaßt. Wenn zwischen der zweiten und dritten Sitzperiode der Rundgang (Kinhin) durchgeführt wird, so ist das ebenfalls Za, da man zwischen Bewegung und Ruhe im tiefsten Sinne keinen Unterschied zu machen hat. Aber auch essen, arbeiten, reden, schweigen, schauen, riechen, hören, tasten, schmecken, ja jegliche Tätigkeit, die klar bewußt ausgeführt wird, ist Zazen, so daß unser Begriff sowohl dem siebenten als auch dem achten Teil des Edlen Achtteiligen Pfades — Rechte Achtsamkeit und Rechte Sammlung — entspricht. Dadurch läßt sich wieder die innere Zusammengehörigkeit der Zen-Schule mit der Orthodoxie des Theravâda-Buddhismus nachweisen.

Im engeren Sinne allerdings versteht man unter Zazen „Sitzen von Körper und Geist in und mit dem Kosmos in vollendeter Versunkenheit".

[6] Abwandlung eines berühmten Wortes von Huang-po: „Der Mund geöffnet — und das Übel schlüpft heraus."

[7] Ich erinnere mich an einen Seminaristen, der nur aus Neugierde gekommen war und mir sagte, daß er, als praktizierender Katholik, an einer Erleuchtung nicht interessiert sei. Damit aber hatte er sich selbst die beste Ausgangs-

position geschaffen, indem er nichts erwartete. Und prompt kam es denn auch zu einem Erlebnis, das ihm bisher völlig unbekannt und das zu deuten ihm unmöglich war. Diese Erfahrung wiederholte sich später nicht mehr, als er weitere Seminare besuchte und nun — entgegen meiner Warnung — auf „Ereignisse" zu warten begann.

[8] Kasina sind äußerliche Verfahren, die Vertiefung zu erreichen. Man konzentriert sich dabei auf bunte Scheiben, einen Fleck Erde, auf Wasser oder auf die Flamme einer Kerze, um im Geiste ein Sekundärbild entstehen zu lassen. Die Gefahr bei dieser Übung besteht nun darin, daß autosuggestive Kräfte freigesetzt werden und ein Übender mit labiler Gemütslage — geschweige denn ein Psychopath — schwere Schäden erleiden kann.

[9] Ein Einführungsvortrag für Anfänger kann z. B. folgende Punkte enthalten: a) Eine Gegenüberstellung von christlicher Mystik, Yoga und autogenem Training mit dem Zen; b) auf die Frage einzugehen: Welche Gruppen von Menschen — und warum — fühlen sich zum Zen hingezogen?; c) das Problem zu behandeln, ob Zen Religion, Lebensweg, ob es Buddhismus sei. Außerdem können folgende Gedanken vorgelegt werden: Zen wird dem abendländischen Denken zum Ärgernis, da es sich in keine der uns bekannten Formen einpressen und mit keinem Etikett versehen läßt. Als die beiden grundsätzlichen Standpunkte könnte man anführen: 1. Zen ist eine der maßgeblichen buddhistischen Schulen, die Verinnerlichung und Erleuchtung zum Ziele hat; 2. Zen ist eine jegliche Konfession und Philosophie sprengende Methode, zur Absolutheit vorzudringen und „Religion" in letzter Tiefe zu verwirklichen, ohne diese Verwirklichung in Lehr- oder Glaubenssätzen zu fixieren. d) Weitere Punkte eines Einführungsvortrages könnten Kommentierungen einiger bekannter Aussprüche über das Zen abgeben, wie: „Zen hat kein Ziel . . .; es ist ohne Worte, ohne Erklärungen, ohne Unterweisungen, sondern stützt sich allein auf Wahrheit; es lehrt uns nichts auf dem Wege intellektueller Analyse; es ist eine extreme Kehrtwendung, weg von den gewaltigen metaphysischen Bauten mahâyânistischen Denkens, hin zur Alltäglichkeit des praktischen Lebens; es lehrt uns die Erfassung der Soheit IN der Banalität und Trivialität des Alltags"; schließlich könnte man noch eine Kommentierung des wundersamen Ausspruchs eines alten Meisters versuchen, der mir einmal,

mit einem verschmitzten Lächeln, sagte: „Zen — das ist eben Zen!"

[10] Der japanische Begriff heißt „Kwan". In der deutschen Sprache haben wir für diesen der Mystik zuzuordnenden Vorgang kein Wort, das dem Kwan synonym wäre. „Schau" läßt nur andeutungsweise anklingen, was gemeint ist.

[11] Die Dreiecksform, die nun der Körper bildet (Kopf und die beiden Knie) hat sich in Indien durch Jahrtausende hindurch (und schon lange vor dem Buddha!) bewährt. Psychologische und physiologische Gründe sind für diese ideale Sitzhaltung verantwortlich, mittels welcher man völlig in sich ruht.

[12] Ein gewisses Maß an Schmerzen ist der Meditation eher förderlich, es stimuliert. Auch kann man den Schmerz zum sekundären Meditationsobjekt machen und sich zeitweilig in ihn versenken.

[13] Diese an Dogmatik grenzende Einstellung ist nicht unwidersprochen geblieben. So führte man ins Treffen, daß diese Körperhaltung durch den Samurai-Geist inspiriert wurde, die innere Harmonie störe und jedenfalls nicht für den Abendländer des 20. Jahrhunderts passe.

Ich hatte den Vorzug, im November 1973 mit S. H. dem Dalai Lama in Wien eine Aussprache über Meditationsmethoden zu haben. Dabei kritisierte er die stockartige und steife Körperhaltung der Zen-Buddhisten, die er als „unnatürlich und falsch" bezeichnete. In Tibet, so wurde ich belehrt, nimmt man eine bequeme Sitzhaltung ein.

[14] In diesem Zusammenhang möchte ich auf eine unnötige Schwierigkeit hinweisen, unter der ich im Daitokuji zu leiden hatte und die vermeidbar ist. Lange bevor ich nach Japan kam, hatte ich es mir zur Gewohnheit gemacht, bei der Meditation die linke Hand unter die rechte Hand zu legen. Von Buddha-Statuen glaubte ich dies ablesen zu dürfen. Der Jikijitsu war jedoch anderer Meinung und verlangte von mir, die Hände in umgekehrter Reihenfolge zu legen. Aus Gewohnheit kehrte ich immer wieder zur alten mudrâ zurück, doch stets wurde ich verbessert, so daß ich durch diese belanglosen Zwischenfälle Wochen hindurch zu keiner tieferen Sammlung gelangte.

[15] Da der Abendländer, im Gegensatz zum fernöstlichen Menschen, immer genau wissen will, warum dieses oder jenes geschieht, pflege ich in der vorangehenden Meditationsanweisung der Kerze und dem o'Senko eine pluralistische Deutung zu geben. Credo und Weltanschauung deiner Jünger sind unterschiedlich. Es ist kaum etwas dagegen einzuwenden, wenn der Monotheist das Räucherstäbchen Gott opfert, wenn der Buddhist sich damit in die Soheit, in die Absolutheit, in die letzte Wirklichkeit versenkt und wenn der Atheist Kerze und o'Senko bloß zur Schaffung einer geeigneten Atmosphäre, als Meditationshilfe, betrachtet. Ebenso ist der Kotau ursprünglich als eine tief religiöse Gebärde zu verstehen, die durch den Einzelnen erst eine individuelle Interpretation erhält.

[16] Vorteilhaft ist es, während des ganzen Zazen bei geöffnetem Fenster zu üben. In japanischen Zendô bleiben die Schiebefenster sowohl im Sommer, als auch im Winter während des Zazen geöffnet. Gegenüber der schwülen Hitze und den Insekten, die aus dem Zen-Garten eindringen, wie auch gegenüber einer durch die hohe Luftfeuchtigkeit bedingten recht unangenehmen Kälte, die ins Gebein einzieht, verhält man sich indifferent. Dennoch sollte man bei uns auf ältere und zugempfindliche Zen-Jünger Rücksicht nehmen. (Als kleine Randbemerkung sei hinzugefügt, daß in Japan viele Mönche und Priester unter Rheumatismus und Gicht leiden).

[17] In japanischen Zendô ist es üblich, daß zuletzt von allen Teilnehmern nochmals der Suwari (Fersensitz) eingenommen wird und daß man dann in rasender Geschwindigkeit das Shinkyô (Prajñâpâramitâ-hrdaya-sûtra) in einer sino-japanischen Mischsprache inkantiert. Diese Überlieferung habe ich nicht übernommen, empfehle hingegen, das Shinkyô (eine englische wie deutsche Version des „Herz-sûtra" ist unschwer zu beschaffen) außerhalb der Zendô weniger zu psalmodieren, als zu studieren und sich in seinen tiefen Geist zu versenken.

[18] Der bodhisattva ist der Heiligentyp spätbuddhistischer Prägung, der einzigartige altruistische Züge hat. Ein sich dem bodhisattva-Ideal Weihender nimmt eine Anzahl von Gelübden auf sich, unter denen dasjenige am wichtigsten ist, auf das eigene Heil solange zu verzichten, als da noch immer leidende Wesen im Daseinskreislauf gefangen sind.

Das aber bedeutet in der Praxis, aus mitleidvollem Herzen heraus auf die eigene Erlösung zu verzichten, um ewig dienen, ewig helfen zu können.

[19] Der Jesuitenpater Lassalle berichtete, daß ihn sein Zen-Lehrer mit den Worten anspornte: „Wenn Sie sich nicht anstrengen, dann schlage ich Sie nicht mehr!"

[20] Folgende Begebenheit taucht aus der Erinnerung auf. — In Kyoto wurde ich von einem berühmten Teemeister mehrmals eingeladen. Ehe er mit der Zeremonie begann, pflegte er mir einen alten und kostbaren Gong zu reichen und hieß mich, ihn anzuschlagen. Er schüttelte lächelnd den Kopf und gongte selbst. Daraufhin händigte er mir neuerlich das geheimnisvolle Instrument aus, und ich hatte wieder Versuche zu unternehmen. Doch stets winkte der Meister ab, indem er vorführte, wie ES zu gongen hat. Damals merkte ich trotz genauester Beobachtung zwischen „seinen" und meinen Schlägen keinen Unterschied. Ich glaubte ihn vollendet nachzuahmen, und auch die Schallwellen waren für meine Ohren identisch. — Damals war mein dharma-Auge noch fest geschlossen; inzwischen lernte es zu blinzeln.

[21] Mandala sind Schaubilder, graphische Darstellungen der Erleuchtungskräfte.

[22] Die Diät in Zen-Klöstern ist nicht jedem Abendländer bekömmlich. Sie besteht aus gekochtem Reis, Bohnenquark, wildem Berggras, Baumblättern, Schachtelhalmen, Löwenzahn, Sauerampfer, Kletten, Sprossen, Wisteriaknospen, Petersilie, Klee, roten Bohnen und verschiedenen Sorten von Eingepökeltem (pickels). — Es ist sicherlich nicht ratsam, diese Diät unabgewandelt in die o'Sesshin zu übernehmen. — Der Buddha war kein Vegetarier (s. AN V. 44; VIII. 12; MN. 55), die Zen-Mönche sind es immer.

[23] Besonders geeignet finde ich einen Spruch, der in Zen-Klöstern häufig Verwendung findet:

> „So grenzenlos wie die Himmel soll mein Erbarmen sein mit allen fühlenden Wesen. Der gelassene Sinn soll frei sein und nicht haften an den Dingen dieser Welt. Gleichwie die Lotosblume lieblich und unbefleckt aus dem Schlamm sich erhebt, so soll mein Meditieren sein, wenngleich ich auch in dieser Welt der

Täuschungen lebe. — Mit also gereinigtem Sinn will ich dem Heiligen huldigen!"

Um eine Eintönigkeit zu vermeiden, empfehle ich, auch auf andere Sprüche zurückzugreifen, wie auf das tiefe Wort aus dem Shudenshô:

„All die zahllosen, dichtgewebten Erscheinungen, mitsamt den tausend Erinnerungen und den zehntausend Gedanken, die du in diesem Augenblicke hast, sie sind nichts anderes als Bilder im Spiegel deines Geistes. Nun mußt du lernen, auf den Grund und Boden alles dessen, was im Spiegel ist, zu blicken und nicht mehr auf die Bilder, die darin erscheinen." —

Oder auf den Spruch der hölzernen Tafel, die vor jeder Zendô hängt, mit einem Bambusstock in einem besonderen Rhythmus angeschlagen wird, um die Mönche zum Zazen zu rufen, und auf der einige sinojapanische Zeichen eingebrannt und mit Tusche nachgezeichnet sind. Er lautet:

„Geburt und Tod sind feierliche Ereignisse.
Wie flüchtig ist doch das Leben.
Jeder Augenblick wird dir mißgönnt.
Die Zeit wartet auf keinen!" —

Oder auf Meister Bashô's berühmten Ausspruch:

„Das Kiefernhafte lerne von der Kiefer,
Das Bambushafte lerne vom Bambus.
Auch das bedeutet: gib dein Selbst auf!
Dieses Lernen ist kein Lernen im üblichen Sinne.
Es bedeutet: Eindringen in die Dinge,
Ihre geheimen Lebensbedingungen erlauschen
Und im Herzen ein Gefühl anklingen lassen!" —

Oder auf die herrlichen Sätze aus dem Lankâvatâra-sûtra:

„Möge der Jünger sich davor hüten, sich an Worte zu klammern,
In der Meinung, daß sie ihrem Sinn völlig entsprächen,
Denn die Wahrheit liegt nicht im Buchstaben beschlossen.
Wenn ein Mensch mit dem Finger auf etwas zeigt,
So mag die Fingerspitze vom Uneinsichtigen bereits als das angedeutete Objekt angesehen werden.
In gleicher Weise sind die Unwissenden, wie die Kinder, nicht fähig, die Idee aufzugeben, daß in der Fingerspitze der Worte ganzer Sinn bereits enthalten ist.

Sie können sich die höhere Wirklichkeit nicht vorstellen, geschweige denn in sich selbst verwirklichen, weil sie sich an Worte klammern, die nicht mehr sein sollten als bloß ein weisender Finger. — Denn die Wahrheit liegt jenseits aller Worte!"

[24] Diese Anekdote, aus der Jugend des großen Ma-tsu stammend, läßt tief blicken und zerstört das bekannte Vorurteil, daß man allein durch unablässiges Zazen die Erleuchtung finden müsse. Eine wissenschaftliche Untersuchung wäre lohnend, ob nicht diese kleine Geschichte dafür Zeugnis ablegt, daß das sog. „Nördliche Ch'an" des Shên-hsiu (das mit größtem Nachdruck dhyâna — Versenkung — betonte) gar nicht so erloschen war und daß das „Südliche Ch'an" des Hui-nêng (das nur auf prajñâ — Hellblicksweisheit — zueilen wollte) nicht die weitere Geschichte hindurch *allein* regierte, wie dies gewöhnlich dargestellt wird. Daran ließe sich die Frage anschließen, ob nicht gerade im Sôtô-Zen wieder etwas von der als überwunden geglaubten Nördlichen Schule lebendig blieb (s. das im Sôtô favorisierte Shikantaza!). — Doch alle diese Fragen, so interessant sie auch sind, müssen ausgeklammert bleiben, da wir uns ja nur mit der reinen Praxis beschäftigen wollen. Potentiellen Dissertanten sei aber damit ein Fingerzeig gegeben.

[25] Eine Ausnahme bildet das Vimalakîrti-sûtra, das einige humorvolle Stellen besitzt.

[26] Diese Fünfer-Gruppierung verdanke ich Yasutani Rôshi. — Bombô ist ein von Religion und Ethik abstrahiertes Zen, das profane Ziele hat und insbesondere die Steigerung der Konzentrationsfähigkeit bezweckt. — Geidô sind Methoden in allen außerbuddhistischen Religionen und Philosophien. — Shôjô heißt wörtlich Hînayâna (das Kleine Fahrzeug zum Heil; eine diskriminierende Bezeichnung der Mahâyânisten für Shravakayâna, die Orthodoxie) und bezieht sich auf deren Meditationssysteme. — Daijô (Mahâyâna) entspricht dem Kôan-Studium der Rinzai-Sekte und Saijôjô dem Shikantaza (objektfreie Meditation) der Sôtô-Sekte.

[27] Madhyamaka ist ein von Nâgârjuna gegründetes panrelativistisches System. Yogâcâra ist ein idealistischer Monismus, der zwei Gründer hat: Asanga und Vasubandhu.

Diese beiden mächtigen Äste am Stamme des indischen Spätbuddhismus kulminierten schließlich in einer Synthese, die man bhûtatathatâ-Phänomenologie nennt und die als theoretische Grundlage für das gesamte Mahâyâna und daher auch für das Zen zu gelten hat.

[28] Es gibt drei Grund-Kôan, unter denen der Rôshi auswählt und auf die er den Jünger, gleich einer Katze auf die Maus, ansetzt. Das älteste stammt von Hui-nêng und lautet: „Wie ist dein ursprüngliches Antlitz, ehe noch deine Eltern geboren waren?" Das zweite stammt von Chow-chu: „Hat das Hündchen Buddha-Natur? WU!" (oder japanisch: MU!). Das dritte wurde von Hakuin verwendet: „Wie ist der Klang der einen Hand?" Daneben gibt es eine große Anzahl von Satelliten-Kôan. Die zu erwartenden Lösungen sollen verbal, später aber, und dann vor allem, „demonstrativ" angeboten werden. Schließlich hat man ein Gedicht ausfindig zu machen, das zu der nun befreiten Geisteslage passend ist. Für unseren kleinen Leitfaden sind weitere Erörterungen zu diesem Thema ohne Belang. Der interessierte Leser wird in der reichhaltigen Zen-Literatur genügend Material auffinden.

[29] Mondo ist eine Methode, bei welcher zwischen Lehrer und Schüler ein blitzartiges Fragen und Antworten erfolgt, wobei versucht wird, die Zwischenschaltung des Intellekts, der als Filter empfunden wird und die Wahrheit verformt, zu vermeiden.

[30] Ich hatte einst einen Zen-Jünger zu betreuen, dessen Dokusan-Berichte genausogut in die Psychopathologie paßten, wie sie auch wieder in die Kenshô wiesen. Er benahm sich teilweise wie ein Irrer, dann wieder waren eine Anzahl sekundärer Merkmale einer echten „Schau" festzustellen. Offenbar ein Grenzfall, der das erregende Schauspiel eines Menschen bot, der auf des Messers Schneide zu balancieren schien. Erschreckend war der Umstand, daß seine Berichte für beide Bereiche zutrafen: für eine krankhafte Veränderung wie auch für eine Wesensschau. Im Verlaufe der o'Sesshin hatte ich das beklemmende Gefühl, einem Seiltänzer zuzusehen. Von gewalttätigen Attacken bis hin zu Berichten von konkreten Einheitserlebnissen in geradezu klassischer Art und in einer Eindringlichkeit und Anschaulichkeit vorgebracht, gewann man den Eindruck, gleichzeitig in den Himmel und in die Hölle eines Menschen blicken zu dürfen.

[31] Gewiß habe ich die meiner Mentalität gemäße Methode längst entwickelt. Was aber besagt sie für dich? Und für den anderen? Was mit diesem „Leitfaden" versucht wurde, ist, Anweisungen für eine o'Sesshin zu geben und dabei einen möglichst gemeinsamen Nenner zu finden. Die Weiterführung jedes Einzelnen ist zu vielschichtig, als daß sie in dieser oder irgend einer anderen Arbeit erschöpfend besprochen werden könnte.

[32] „Wer sich im Zazen üben will, der tue dies am besten auf der vierten oder fünften Straße (von Kyoto; bekannt wegen des pulsierenden Lebens und des dort herrschenden Lärms) und achte die dort umherhastenden Leute gleich den Bäumen des Waldes im tiefsten Gebirge."

[33] „Das Vergangene ist schon vorüber, das Zukünftige ist noch nicht da, in der Gegenwart ist keine Heimat. Alles wandelt sich ohne Unterlaß. Namen und Worte sind selbstgeschaffene Verwirrung. Was vergeudest du so dein Leben lang? Gib deine alt-vermoderten Ansichten auf, laß deine neumodischen Einbildungen fahren! Ehrlich und ganzen Herzens forsch' und spiegle dich selber. Forschend und spiegelnd, spiegelnd und forschend, bis der Augenblick kommt, da kein Forschen ferner mehr möglich. Denn dies ist die Zeit, da du siehst, daß all dein Leben ein Wahn gewesen!"

Anhang

Ein ernsthaftes sûtra-Studium ist untrennbar mit einer tieferen Beschäftigung mit Zen verbunden. — Vielleicht war es schon der halblegendäre Inder Bodhidharma, sicherlich aber seine unmittelbaren Nachfolger, die zuerst das Lankâvatâra- und später das Vajrachedikaprajñâpâramitâ-sûtra ihren Jüngern ans Herz legten. Gewiß ist, daß bereits in der Vergangenheit auch das dem Zen-Geist besonders nahe stehende Vimalakîrti-sûtra studiert wurde und heute noch in einigen Tempeln rezitiert wird.

Ist aber ein solches Studium nicht ein Widerspruch in sich, wenn es letztlich darum geht, sich von intellektuellen Gedankengängen — und wären sie die weisesten — zu trennen, sie zu überwinden? Die an sich faszinierende Geschichte des Zen lehrt uns die Gefahren eines schrankenlosen Antirationalismus. Es hat einmal eine Zeit gegeben, da man alle Bücher und Lehrpredigten verbrannte. Wir wissen heute, daß all dies in einer Sackgasse endete.

Der Buddha lehrte nichts anderes als den madhyamarga, den Mittleren Weg. Er wurde nicht müde, darauf hinzuweisen, daß man Extreme immer vermeiden solle. Dies beginnt bereits bei seiner ersten Lehrunterweisung, die noch vordergründig warnte vor dem Leben in Sinneslust, wie auch in schmerzvoller Askese. Beides wird als „unedel, nicht zum Ziele führend" bezeichnet. Vertieft zeigt sich die Mittlere Lehre dann in dem berühmten Ausspruch: „An zwei Dingen, meine Mönche, hängt die Welt: am Glauben an ein Sein und am Glauben an ein Nicht-Sein. Indem er diese beiden Extreme vermeidet, zeigt der Erhabene den in der Mitte liegenden Weg." — Eben dieser Gedanke aber setzt sich fort in den geistvollsten Kommentaren eines Aśvagośa, Nâgârjuna, Aryadeva, Asanga, Vasubandhu und vieler anderer frühindischer Geistesheroen. Er setzt sich weiter fort in immer neuen Interpretationen, die chinesische, tibetische und japanische Weise dem madhyamarga gaben.

Selbst eine so radikale Richtung wie die des Ch'an, bzw. Zen konnte an dieser Grundeinstellung nicht achtlos vorbeigehen, oder — wir haben es ja gesehen — verlief sich in einer Sackgasse. Selbst der bedeutendste Zen-Weise, der je in Japan gelebt hat, der Mönch Dôgen Zenji, der *nur Zazen* propagierte und dies nicht als Mittel zum Zweck, sondern als Selbstzweck (Shikantaza) verstanden wissen wollte, war nicht nur selber ein einzigartiger Kenner der sûtra-Literatur, sondern verlangte von seinen Jüngern dieses Studium.

Nur Zazen könnte Gefahr bringen, daß man in einem Quietismus versandet. Den Intellekt veröden zu lassen, ist nicht der madhyamarga. Man muß die Grenzen seines Intellekts kennen lernen und sie ausschreiten; erst dann wird man ihn überwinden. Daher unverzagt und frohen Muts zum sûtra-Studium!

Doch wie sollte man beginnen, welche Texte sollte man wählen? Der chinesisch-buddhistische Kanon hat etwa den sechshundertfachen Umfang der christlichen Bibel. Unter viel Schutt die kostbarsten Juwelen der Weisheit aufzustöbern, bedeutet, über unbeschränkte Zeit verfügen zu können. Um dem Lernenden, aber auch Lehrenden ein upâya (Hilfsmittel) in die Hand zu geben, soll hier im Anhang das Apokryphe Sûtra des Hung-lei angeboten werden.

Das Apokryphe Sûtra des Hung-lei

I. VORWORT

Das Apokryphe Sûtra des Hung-lei ist zwar, wie der Titel bereits andeutet, ungewissen Ursprungs; dennoch haben wir es hier mit einer Arbeit zu tun, die das buddhistische Erleuchtungsdenken aufzuhellen vermag. — Man könnte zunächst einwenden, warum wir uns überhaupt mit einem apokryphen Werk beschäftigen, wenn ohnehin schon eine unübersehbare buddhistische Literatur der Öffentlichkeit zugänglich ist, oder wenn sûtra und Kommentare, die den gigantischen kanonischen Sammlungen zugezählt werden, noch immer unübersetzt bleiben. Wozu sich da mit einer Arbeit belasten, deren Ursprung suspekt ist?

Der Herausgeber von Hung-lei's sûtra möchte zur eigenen Rechtfertigung folgende Überlegungen vorlegen: Die mahâyânistischen Texte, vor allem die sûtra, die oftmals viele Bände umfassen, sind in gewissem Sinne größtenteils apokryph. Werden sie auch dem Buddha in den Mund gelegt, so sind die tatsächlichen Autoren oder Kompilatoren dieser Mammutwerke doch in der Anonymität verblieben. Wissenschaftler fanden heraus, daß es Texte gibt, die aus den unterschiedlichsten, nicht selten bis zu 500 Jahren auseinanderliegenden Altersschichten bestehen. Generationen der weisesten Mönche mögen daran gearbeitet, gefeilt haben. Den Abendländer würde die suspekte Autorenschaft eines ‚heiligen Buches' sehr wohl stören. Anders jedoch liegen die Dinge im Fernen Osten, wo diese sûtra im höchsten Ansehen stehen, und das, obwohl gebildete Chinesen und Japaner solch offenkundige Tatsachen gar nicht erst in Abrede stellen. Diese erleuchteten und erleuchtenden Schriften künden vom wahren Geist des Erwachten, obwohl sie kein authentisches Buddhawort sind. Ob apokryph oder nicht — diese Frage verliert auch deshalb umsomehr an Bedeutung, solange Wahrheit erst in einem relativ gültigen Gewand vermittelt wird, die nur Hilfsmittel zur Erlangung der an sich unausdrückbaren Wahrheit, und nichts darüber hinaus, sein will. Der wahre Geist des Buddha bleibt aber in jeder Verkleidung, selbst im Mummenschanz, wirksam.

Die Beschäftigung mit dem sûtra des Hung-lei könnte uns allen Gewinn bringen, faßt es doch beherzt die schwierigsten Themen an und zeigt Lösungen auf. Einen besonderen Vorteil des Textes sehe ich darin, daß er — vielleicht gerade dank seines synthetischen Ursprungs — uns eine Fülle buddhistischer Weisheitsperlen anbietet, die man sonst mühsam im unermeßlichen Kanon aufstöbern muß. Dennoch wird auch hier nur eine Auslese von Themen behandelt, die sich vor allem um Erkenntnis, Weisheit und Erleuchtung bemühen, während andere und wichtige nahezu unberücksichtigt bleiben. — Wieviel vom echten, unverfälschten Buddha-Geist aus diesem sûtra strahlt, bleibt dem Urteil des Lesers überlassen. Sollte aus Gründen der Pietät der Vorwurf des Sakrilegs erhoben werden, so glaubt der Herausgeber, der Kritik auch hier standhalten zu können; jedes Wort, das der Buddha spricht, läßt sich in irgendeinem Teil des chinesischen tripitaka oder des Pâli-tipitaka wörtlich, zumindest aber dem Sinne entsprechend, nachweisen.

Das sûtra des Hung-lei ist ein Spätwerk, das sowohl auf Theravâda-Texten wie auch auf einer Anzahl der markantesten mahâyânistischen Schriften aufgebaut ist. Hung-lei hatte es für seine Schüler bestimmt. Aus Texten und Anmerkungen kann man seine Lehrmethode erahnen. Als typischem Chinesen ging ihm Harmonie über alles; deshalb findet man bei Hung kaum Streitgespräche, wohl aber den Gedanken der Einheit *in* der Gegensätzlichkeit.

II. LEBENSBESCHREIBUNG DES HUNG-LEI

Hung-lei übte unter dem Namen ‚Der kleine Meister vom Großen Spiegel' während der T'ang-Periode seine wenig beachtete Tätigkeit aus. Sein Vater war ein gesetzestreuer Konfuzianer, seine Mutter eine schwärmerische Taoistin; so fühlte er sich, zum Manne herangereift, den Lehren des Lao-tse und des Chuang-tse immer mehr verpflichtet, während vielleicht nur seine ausgeprägte Liebe zur Musik konfuzianisch an ihm war[1]; er baute sie aber in späteren

[1] Vgl. die Anmerkungen auf Seite 97 ff.

Jahren ab, um sich uneingeschränkt der Weisheitsschau hinzugeben. Der Liebe zur taoistischen Mystik hingegen blieb er bis ins hohe Alter treu. — — —

Auf welchem Wege er mit dem Dharma in Berührung kam, ist unbekannt. Aus seiner Kindheit wird berichtet, er sei ein Träumer gewesen, dem es die Gestirne, die ziehenden Wolken, Regen, Blitz und die Wunder der sich ständig verändernden Natur sehr frühzeitig angetan hätten. Besonders war es der Mond und sein Spiegelbild im Wasser, die ihn, wenn auch nicht schon zu metaphysischen Spekulationen, so doch immerhin zum Träumen veranlaßten. Der Mond, das Wasser, das Spiegelbild waren Grundthemen seiner Phantasie. Einmal, so erfahren wir, stand der Knabe am Rande eines Weihers, in dem sich der Vollmond spiegelte, und er streckte voll Sehnsucht seine Arme nach ihm aus und wollte ihn herausziehen. Immer wieder griff er vergebens mit den Händen ins Wasser, bis er schließlich in Tränen ausbrach. Ein buddhistischer Wandermönch, der des Weges kam, beobachtete still das Kind und dachte bei sich: ‚Seltsam, wie werde ich doch an die Worte des Patriarchen Nâgârguna erinnert[2]. Gute Anlagen hat der Knabe, und noch manches dürfen wir von ihm erwarten.' — — —

So konnte es nicht ausbleiben, daß der Heranreifende in ganz besonderem Maße enthusiastisch Gedanken aufnahm, die er in manchen Philosophenschulen entdeckt hatte, wonach das ganze Leben einem Traume vergleichbar sei. Das tief in ihm wurzelnde Gefühl, daß die sogenannte Realität dieser unserer Welt sehr fragwürdig sei, verließ ihn eigentlich nie mehr, auch dann nicht, als er sich eine Zeitlang dem Skeptizismus zuwandte und dem Nihilismus nahekam.

Wir treffen ihn viel später wieder, nachdem er längst für sich die Weisheit des Buddha entdeckt hatte. Damals stand er nicht nur dem Ch'an sondern auch der Hua-yên Tsung nahe[3]; doch beschäftigte sich sein enzyklopädischer Geist mit allen Schichten und Formen der Lehre. Wenn wir dabei doch etwas vermissen, dann sind es die Einflüsse der Chên-yen Tsung, für deren esoterischen Symbolismus er sich anscheinend wenig erwärmen konnte; vielleicht hatten auch seine Lehrer nicht die geeigneten Mittel gefunden, um ihn dafür zu begeistern. Den Lehren der Ching-t'u Tsung blieb er abgeneigt[4]; dafür waren sowohl seine Abstammung als auch die genossene Erziehung verantwortlich. Ohne jedoch gegen diese Sekten zu polemisieren, scheint er bei Ansprachen an seine Schüler niemals die Möglichkeit einer ‚Fremderlösung' in Betracht gezogen zu haben. Eines jedenfalls kann als gewiß angesehen werden: daß er den Buddhismus und Taoismus restlos in sich amalgamierte. Diese synkretistische Charaktereigenschaft ist jedoch nichts Ungewöhnliches; sie entspricht durchaus der chinesischen Mentalität.

Über Hung und seinen Lebensweg ist nur wenig bekanntgeworden. Zeitgenossen berichten, daß er sich nach außen von Alltagsmenschen kaum unterschied, daß keine Spur von Heiligkeit[5] in ihm zu bemerken und er manchen Leidenschaften unterworfen war. Sein brennendes Verlangen, Erleuchtung und Erlösung zu finden, ließ ihn von Kloster zu Kloster ziehen; wo immer er von Weisen hörte, machte er sich auf, sie zu besuchen, um von ihnen zu lernen. — — — Auf seinen weiten Wanderungen gelangte er schließlich auf den T'ien-t'ai Shan[6], wo er mit Chi-lin bekannt wurde. Dieser, ein universeller Geist, nahm sich des Hung an. So fand das unstete Wanderleben ein vorläufiges Ende und an die Stelle wahllosen Sammelns von Teilwahrheiten trat eine systematische Lehrzeit, aus der er reichen Nutzen zog.

Nach einer jahrelangen gründlichen Unterweisung in den vinaya, den sûtra und im abhidharma[7] führte Chi seinen Schüler behutsam an die prajñâpâramitâ-Texte[8] heran, entzog ihm solcherart wieder die realistische Grundlage der sûtra und schuf für ihn mit der Schule des Madhyamaka eine neue relativistische Sicht. Später führte er ihn in das Lankâvatâra-sûtra und in die idealistisch-monistische Welt des Yogâcâra ein. Im Laufe der Zeit wurde Hung mit den wichtigsten Schriften des Mahâyâna bekannt, sodaß am Ende seiner theoretischen Lehrzeit nur mehr die beiden riesigen Blöcke Hua-yên Ching und Fa-hua Ching[9] zu bezwingen übrig blieben. Mit Bedacht hatte Meister Chi dies so eingerichtet; erst jetzt war sein Schüler zur Entgegennahme der höchsten Lehren reif geworden. Und tatsächlich sollte der Erfolg auch nicht ausbleiben. Hung erlebte beim Anhören des Beispiels von Fa-t'sangs Kerze[10] die erste ahnungsvolle Erschütterung, und seit dieser Zeit begann er, sich immer mehr in das Hua-yên Ching zu vertiefen. Nun fand es Chi-lin an der Zeit, mit dem Spiegelgleichnis des Chi-k'ai nachzustoßen. Diese Methode bewährte sich ausgezeichnet, und die dreifachen Lehren von K'ung, Chia, Chun[11] brachten denn auch den jungen Hung bis an den Rand des ersten Durchbruches (zur Wirklichkeit). Jetzt erst wurde er in das Ch'an (siehe 3) eingeführt.

Hung nahm sein Wanderleben wieder auf und begann, das Ideal eines Yun-shui[12] zu verwirklichen. 15 Jahre ließ er sich den Wolken gleich dahintreiben, dem Wasser gleich dahinfließen, ohne irgendein Ziel anzustreben, heimatlos, in Einsamkeit. Je älter er wurde, umsomehr entfernte er sich von der Scholastik, entfremdete er sich vom Wort, vom Begriff. Man hielt ihn allgemein für einen umherziehenden Ch'an-Mönch; doch wehrte er sich zeit seines Lebens gegen jede Festlegung und Abstempelung. Diese Ungebundenheit, die auch vor Sekteneinteilungen nicht Halt machte, ist für Hung bezeichnend und für uns von nicht unerheblichem Vorteil: Obwohl er der Meditationsschule ganz nahe stand, behielt Hung immer die Gesamttradition im Auge. Und gerade diesem Umstand verdanken wir, daß Hung leichter lesbar ist als echte Ch'an-Meister; bietet er doch erstaunlich viel Philosophie — weshalb er andererseits wieder und gerade deshalb von den orthodoxen Ch'an-Mönchen niemals als einer der ihren angesehen wurde. Durch seine T'ien-t'ai-Vergangenheit jedoch wird er uns verständlicher und bringt uns auf seine Weise dem Ch'an-Geist näher.

In seinen letzten Jahren nahm er zögernd und widerstrebend einige Schüler an, die er mit Hilfe ‚seines' sûtra, dem er immer weitere Kommentare abgewann, erzog. Von den Anweisungen ist kaum etwas überliefert worden; sie waren offensichtlich jeweils für den einzelnen Schüler und seine Anlagen bestimmt und wurden mündlich weitergereicht. Die wenigen Anmerkungen, die wir erbringen können, stammen aus dem Pinsel eines gewissen Hung-hua, der seine Linie zwar weiterführte; doch mit der nächsten Generation ist der gesamte Seitenzweig des Hung-lei erloschen.

Wie sein Geburts- so ist auch sein Todesjahr nicht bekanntgeworden. In den Jahren seiner größten Reife wurde er immer wortkarger, und wenn ihn Gelehrte anderer Schulen um seine letzten Erkenntnisse bestürmten, sagte er: ‚Andere pflegen einen Finger zu heben[13], zu einer Schale Tee einzuladen[14] oder zu sagen: „Bedenke! Beachte! Verstanden?"[15], oder: „Bilde dir nichts ein!"[16]. In meinem langen Leben sind mir keine eigenen Federn gewachsen. So sage ich euch denn: „Ein kalpa und ein Augenblick — sie sind eins; ein Staubkorn und die zehntausend Dinge — sie sind eins."' — — — Damit aber hatte er zur Wahrheit des Hua-yên zurückgefunden.

Bevor er in die Verwandlung einging, antwortete er auf die Frage, was er in seinem Leben wohl erreicht hätte, mit einem sanften Lächeln: ‚Nicht das geringste . . .', womit er offensichtlich auf einen Satz des Diamant-sûtra anspielte[17].

III. DAS SÛTRA

A. Vorbemerkung

Das nachfolgende sûtra ist, wie schon bemerkt, ein synthetisches Werk, das sich aus den verschiedensten Schichten des Kanons zusammensetzt. Hung-lei läßt uns im Unklaren, wie er zu dem Text gelangte, welche Vorgeschichte dieser hat, oder ob er gar selber dessen Kompilator gewesen ist. Sehr im Unterschied zu dem weltberühmten ‚Sûtra des Hui-nêng', dessen Verfasser ausschließlich eigene Gedanken vorträgt, haben wir es bei vorliegender Predigt in erster Linie mit einem Text zu tun, der sämtliche Charakteristika eines indischen sûtra aufweist. Hungs eigene Zwischenbemerkungen und Erläuterungen, die nur langsam anlaufen und nach einer längeren, nicht unterbrochenen Einleitung, immer mehr Einwürfe zeigen, sind durch Klammern deutlich gemacht, würden sich allerdings auch ohne diese vom indischen Text genügend abheben. Die ständige Gegenüberstellung indischer Metaphysik mit chinesischem Pragmatismus entbehrt nicht eines besonderen Reizes. Zwei im Grunde doch sehr entgegengesetzte Methoden zielen, ihren eigenen Denkgesetzen folgend, auf das gleiche Unaussprechbare hin. Was Hung von seinen Erklärungen hielt, faßt er zu Beginn in folgende kurze Sätze zusammen: ‚Ich weiß wohl, daß, ein Werk zu kommentieren, bedeutet: Wasser in den Reiswein zu gießen. Doch wer ein starkes Gebräu nicht verträgt, dem kehrt es den Magen um; es schwindelt ihm, und er taumelt sinnlos umher. Leite ich die Wahrheit aber verdünnt weiter, dann heben sich die Lebensgeister, wohlschmeckend wird der Trank und der Wunsch nach mehr stellt sich ein. Zuweilen aber, wenn es mir zweckdienlich erscheint, führe ich euch in Nacht und Abgrund, in eine ausweglose Sackgasse hinein, erzeuge ich um euch her eine unerträgliche Spannung, aus der heraus sich der Blitz entzünden soll.'

Die Zwischenbemerkungen sind samt und sonders gezielte Methoden für auf dem WEG bereits Fortgeschrittene.

Unterschiedlich in ihrer Länge, reichen sie von explosivartig hingeworfenen Satzteilen bis zu ausführlichen Kommentaren. Daß wir manche Gedanken aus der taoistischen Welt stammend vorfinden, wird uns nicht wundernehmen, da zur damaligen Zeit das geistige Panorama oftmals durch einen universalen Synkretismus geprägt wurde. ,Erklärungen' in unserem Sinne sind sie aber kaum; dafür wurde vom Herausgeber ein eigener Anhang geschaffen. Die Zwischenbemerkungen des Hung erinnern manchmal an Erläuterungen im ,Torlosen Paß'[18] oder an die ,Niederschrift von der Smaragdenen Felswand'[19], ohne jedoch deren irrationale Schärfe zu besitzen.

Dem Leser wird empfohlen, den Text dreimal durchzunehmen: zuerst lese man den ,indischen' (nicht eingeklammerten) Teil; daraufhin studiere man das gesamte sûtra samt Zwischenbemerkungen unter besonderer Berücksichtigung der Anmerkungen des Herausgebers (Fußnoten); und schließlich gehe man nochmals den vollständigen Text (jedoch ohne die retardierenden ,Anmerkungen') zügig durch. — — — Die verwendeten Fachausdrücke, für die jeweils nahekommende deutsche Entsprechungen gesucht wurden, stehen, je nach Gebräuchlichkeit, zwanglos, bald in Pâli, bald in Sanskrit.

B. Das Sûtra samt Zwischenbemerkungen und Erklärungen

Also habe ich gehört. Einstmals weilte der Erhabene in Râjagrha. Umgeben von einer großen Menge seiner bodhisattva, arahat und bhikkhu[20] hielt Er eine Lehrrede. Nachdem der Erhabene seine bodhisattva und śrâvaka[21] solcher Art im Geiste erfreut, erheitert und angespornt hatte, zog Er sich wieder — zur Beschauung gerüstet — von der Mönchsschar zurück und begab sich an einen einsamen Ort. Subhûti jedoch, der edle Jünger, der im Verständnis weit fortgeschritten war, einer der eifrigsten Kämpfer um Wahrheit, folgte Ihm aus der Ferne. Da der Erhabene in Seinem Geist den Wunsch des Jüngers erblickte, wartete Er geduldig, bis dieser herangekommen war, und als Subhûti das gütiglächelnde Antlitz des Erhabenen sah, faßte er sich ein Herz und sagte: „Vielfach hat der Herr den Saddharma[22] dargelegt, hat uns alle im Geiste erfreut, erheitert und angespornt, und mancher unter uns wurde bereits zur Entgegennahme höherer Lehren für würdig befunden. Nun aber sind mir Zweifel gekommen, und aus Seinem Erbarmen heraus bitte ich den Herrn, mir einige Punkte der Lehre aufzuhellen." Durch sein Stillschweigen drückte der Erhabene seine Zustimmung aus. „Über das Vertrauen hat uns der Herr bei passenden Anlässen Sein tiefes, denkwürdiges Wort gesagt und über den Zweifel. Manche bhikkhu jedoch sind im unklaren über die Bedeutung dieses Wortes, und Rede und Gegenrede geht hin und her: ‚An nichts soll man glauben, was nicht beweisbar', ‚Nichts soll man annehmen, was man nicht selbst erlebt hat', ‚Ein Weg ist der Dharma, keine Gedankenkonstruktion; keine Theorie ist er und keine Hypothese', ‚Rechte Ansicht kündet der Erwachte', ‚Ein Künder ist der Erwachte von trilakśana[23], von pratityasamutpâda[24] und vom karma[25]', ‚Vertrauen muß man zum Vollerwachten haben, solange man nicht selbst die Dinge der Wirklichkeit gemäß erschaut', ‚Zweifelsucht ist von Übel', ‚Blinder Glaube ist von Übel!'. — So geht Rede und Gegenrede hin und her. Wie ich nun die vom Erhabenen verkündete Lehre verstehe, fordert sie eine kritische Einstellung gegenüber Dogmen und Thesen, die auch vor der Autorität des Heiligen nicht haltmacht. Das ewige Gesetz vom karma, vom Reifen der Taten, nehme ich vertrauensvoll entgegen, denn noch ist mein Weisheitsauge geschlossen, und was der Herr verkündet, sehe ich nicht selbst. Möge mich der Erhabene belehren, meine Zweifel und meine Unruhe zu beseitigen. Sind karma und Schicksal einander gleich[26]; ist jeder Glücks- und Unglücksfall karmisch bedingt; oder wie steht es darum?"

Der Buddha: „Wo es ein Ja gibt, da gäbe es auch ein Nein. Wo Ja und Nein wohnen, ist das Reich der Theorien. Wo Theorien sind, gibt es Unsicherheit, Unzufriedenheit und den Streit der Meinungen. Darüber zu grübeln, o Subhûti, führt zu nichts; ja, schlimmer als dies, es führt in die Irre."

„Doch hat der Erhabene nicht auch Seine Lehrsätze aufgestellt und manche von anderen Meistern stammenden Theorien als irrig verworfen? Hat Er nicht auch Sein Ja und Nein gesagt? Deshalb bitte ich den Herrn, mir die Grenzen des karma aufzuhellen."

(‚Dieser hartnäckige Bursche[27], wenn er so weiter macht, wird er noch in sein Verderben rennen!')

„O Subhûti, Zeit ist es und höchste Zeit, daß du dich trennst von Lehren, die für solche bestimmt sind, welche noch viel Sand in den Augen haben. Über aller Verwirrung Zweiheit will dich der Tathâgatâ[28] hinausheben."

„Gibt es den Iśvara[29], Herr, gibt es Anfang und Ende

der Welt? Gibt es die Schöpfung, oder leugnet der Erhabene all dies; oder bekennt Er durch sein Schweigen, daß Er es nicht wisse?"

(,Wenn du genug gefragt hast, mach' deine Verbeugung und tritt ab!'[30]).

„Nicht erkennbar ist ein Weltengrund."

„Also weiß auch ein Buddha nicht Bescheid um die letzten Dinge? Ist aber Erleuchtung nicht Allwissenheit?"

„So sollst du es nicht ansehen, o Subhûti. Ein Buddha weiß um die Täuschung von Entstehen und Vergehen, weiß um das Blendwerk einer äußeren Welt und um den Trug des Ichs. Iśvara, Schöpfung, Entstehen und Vergehen sind ihm leere Worte, leere Begriffe. Wesenlos ist das Ich, um wieviel mehr dann Iśvara."

(,Der Wirrkopf ist erst recht enttäuscht. Gar zu gerne hätte er sich mit Ansichten und Dogmen vollgestopft. Was er sucht, ist handgreifliches Wissen; doch was der Buddha ihm bietet, ist Weisheit. Seht ihr wohl: eben dafür ist er noch nicht reif, sonst hätte er diese Fragen nicht gestellt. Ich hätte ihm sein törichtes Geschwätz mit dem Stocke ausgetrieben, und meine Prügel wären dabei noch Liebkosungen einer alten Großmutter vergleichbar gewesen. Doch achtet nun: nach einer Zeit, da geht das Fragen wieder los. Mit seinem unterscheidenden Verstand will Subhûti die Wirklichkeit erfassen und stört, sie spaltend, immer wieder ihre Einheit, ihren ruhigen Fluß'[31]).

Nach einer angemessenen Zeit ergriff Subhûti neuerlich das Wort und sprach also zum Erhabenen: „Daß die Welt nur einem Traume, einer Seifenblase, einer Fata Morgana vergleichbar sei, lehrtet Ihr, o Herr. Gibt es nicht noch eine höhere Wahrheit, oder aber ist dies des Erhabenen letztes Wort?"

„Daß die Welt einem Traume, einer Seifenblase, einer Fata Morgana vergleichbar ist, dies lehrte Ich zum Heile verständiger Wesen, o Subhûti; dabei bediente Ich mich eines geschickten Mittels, um die Verständigen von der Ansicht des Seins (Realismus) zu heilen. Doch diese Lehre ist noch nicht Mein letztes Wort; sie gilt erst für solche Wesen, die dahinter gekommen sind, daß die Phänomene der Welt noch nicht die Wirklichkeit sind. Wer diese Stufe des Verständnisses erklommen hat, der kann allzuleicht an der Ansicht vom Nicht-Sein (Idealismus) haften, und deshalb benötigt er eine neue Lehre. Dem Weltling, aber auch dem bhikkhu, der an Einsicht arm ist, sind Bäume eben Bäume, Wasser ist ihm Wasser und der Mond ist ihm der Mond. Dem im Dharma Fortgeschrittenen, der Hohlheit, Leerheit und Wesenlosigkeit zu begreifen beginnt, sind Bäume nicht mehr Bäume, Wasser nicht mehr Wasser und der Mond nicht mehr der Mond. Doch gibt dir, o Subhûti, der Tathâgatâ zu bedenken: nicht ist dieses richtig und jenes falsch. Eine einseitige Narrenlehre wäre der Dharma, setzte er für die These die Antithese. Und deshalb sage Ich: Dem am Ziele Angekommenen sind Bäume wieder Bäume, Wasser wieder Wasser und der Mond wieder der Mond. Und warum das? Weil er die Dinge leeren Spiegelbildern gleich betrachtet und sich von einseitigen Ansichten fern hält. Was aber jenseits der vierfachen Aussagemöglichkeit[32] liegt, dies, so sage Ich, ist das Unzeigbare, Unbegreifliche, ohne jegliche Attribute — eben die Wirklichkeit. Und dies ist, was der Tathâgatâ enthüllte."

„Hat denn der Herr jemals eine letztgültige Meinung geoffenbart, oder bekennt Er hinsichtlich der letzten Dinge die Unmöglichkeit, diese zu erkennen; ist der Erhabene ein Nicht-Bekenner?[33] Was findet der Erhabene Arges daran, sich eine endgültige Meinung zu bilden, die unerschütterlich bestehen bleibt und aller Kritik standhält?"

(‚Da sieht man's wieder: nicht das geringste Verständnis ist in ihm. Nur an starren Ansichten und Meinungen liegt ihm, nicht aber an der Wahrheit. Sein Intellekt quillt schon über von dogmatischen Grundsätzen; wählen[34] und unterscheiden will er, annehmen und verwerfen will er, und da das, was der Buddha ihm verkündet, nicht in seine Denkgewohnheiten paßt, wird er unsicher und kramt in seinem Geiste nach Festlegungen [wie Relativismus, Agnostizismus und skeptischem Nihilismus].')

„Ansichten, o Subhûti, hat ein Erwachter abgetan[35], Blendwerke der Täuschung hat er überwunden, bar der Fesseln ist er ja geworden von einem Ja und einem Nein, von einem Dies und einem Das."

„Doch was Er heute als wahr verkündet, das verwirft der Herr schon wieder morgen. Daß das nirvâna die Zuflucht, der Hort, die Insel, das höchste Ziel ist, und dann auch wieder, daß das nirvâna und selbst der Tathâgatâ bloß ein zauberisches Gaukelspiel sind[36]; oder, daß der Dharma die vorzüglichste aller Lehren ist, und dann wieder, daß niemals der Dharma verkündet, erhellt und mitgeteilt wurde[37]; oder, daß durch bodhi (Erleuchtung) oder prajñâ (transzendentale Weisheit) die ganze Kette des bedingten Entstehens und damit die Leidensverknüpfungen aufgehoben und der ewige Frieden gewonnen wird, und dann wieder, daß durch anuttara samyak sambodhi (Gipfel höchster Erleuchtung) nichts erreicht wird[38]. — Tiefes Vertrauen haben die Jünger des Erhabenen zu Ihm und Seiner Lehre gefaßt; mit nimmermüdem Eifer wollen wir alle der Vervollkommnung entgegenstreben. Gewiß, der Herr wählte nur einige unter uns zur Entgegennahme der höchsten Wahrheiten aus, während die anderen sich vorläufig mit samvrti satya (bedingter, relativer Wahrheit) begnügen müssen. Dennoch sind wir, die wenigen Auserwählten, zuweilen verzagt, da manches Wort des Erhabenen über unser Fassungsvermögen hinausgeht. Aus Barmherzigkeit über unsere Unwissenheit möge der Vollendete das, was uns unbegreiflich erscheint, uns näherbringen."

„Tief, unendlich tief ist diese Lehre, o Subhûti; übe dich geduldig um schrittweises Verständnis. Nicht aber ist es möglich, ohne eine untere Stufe von Einsicht erlangt zu haben, höhere Wahrheiten überspringend, sogleich zu paramârthasatya (Weisheit von höchster Warte aus) zu gelangen. Erinnere dich, Subhûti, jener Aussprüche, die Ich bei passender Gelegenheit getan; bedenke sie in deinem Herzen wohl, erwäge sie, durchforsche sie und dringe in deren Tiefe. Den wahren Sinn davon mögest du erfassen; nicht aber sollst du an der glatten Oberfläche der Worte haften bleiben. An zwei Dingen hängt die Welt: am Glauben an ein Sein und am Glauben an ein Nicht-Sein. Indem Er diese beiden Extreme vermeidet, zeigt der Erhabene den in der Mitte liegenden Weg[39]; denn, daß alles ist, das ist das eine Extrem, und daß alles nicht ist, das ist das andere Extrem[40]; daß rûpa (das Körperliche) nur eine Vorstellung, daß nâma (das Geistige) nur ein Wort[41]: darin versenke dich. Daß es nichts Inneres und nichts Äußeres für denjenigen gibt, der die Wahrheit schaut[42]: dies sei dir ein Leitwort; daß in diesem klaftergroßen, bresthaften Leib mit seinem Wahrnehmen und Denken die Welt, die Entstehung der Welt, die Aufhebung der Welt und der zur Aufhebung der Welt hinführende Pfad liegt[43]: daran denke unaufhörlich; vor allem aber vertiefe dich in Mein Wort, daß die Welt nur ein Traum ist[44]. — Einst befragte mich der Wanderasket Vacchagotta über den Erlösten nach dessen Tode[45], und aus seinem verblendeten weltlichen Geiste heraus bestürmte er mich um einseitige Definitionen. Als Ich ihn aber belehrte, daß ein solcher weder ist noch nicht ist, noch beides gleichzeitig, noch keines von beidem, da klagte er, daß ihm nun alles Vertrauen in den Tathâgatâ geschwunden, daß er in Verwirrung geraten sei. Meine Warnung nicht nur an ihn, sondern an alle Meine Jünger habt ihr damals wohl vernommen[46], und doch hast du daraus nichts gelernt. Trenne dich endlich von den vier logischen Aussagemöglichkeiten, denn wahrlich, unfaßbar ist dieser Dharma[47] und zeichenlos[48] sind alle dharma. Gib dich mit dieser Unfaßbarkeit und Zeichenlosigkeit zufrieden!"[49]

Nachdem der Erhabene also gesprochen, verharrte Subhûti einige Zeit in grüblerischem Schweigen. Unfähig jedoch, die denkwürdigen Worte weder in ihrer ganzen Tiefe zu verstehen, noch die Zusammenhänge seinem Geist widerspruchsvoll erscheinender Lehren, die er zu anderen Zeiten vernommen, zu begreifen, begann er, dem Erhabenen weitere Fragen vorzulegen.

„Wie denn, o Herr, gibt es das Ich, gibt es kein Ich, oder wie ist es darum bestellt?"

Mit einem zarten Lächeln auf den Lippen erwiderte der Erhabene nur: „Laß es gut sein, Subhûti."

(‚Immer wieder das gleiche: an einseitige Dogmen bindet er sein Herz; diesen läuft er nach und nicht der Wahrheit; mit dem Stocke schlägt er nach dem Mond, der Tor[50]. — Begreift ihr nun, meine Schüler, warum der Buddha nach Seiner Erleuchtung so lange zögerte, den Dharma zu verkünden? Selbst des klugen Subhûti Geist ging immer wieder in die Irre; um wieviel mehr denn dann ein Wong, ein Ming?')

„Doch wird der Erhabene nicht bezeichnet als ein anattâvâdin, als ein Verkünder des Nicht-Ich? Unterscheiden sich nicht gerade in diesem Punkt Seine Lehren von denjenigen anderer Meister?"

(‚Sieh einer an: jetzt ist der Tor wieder einmal im Spiegelirrgarten seines eigenen Ichs gelandet. Der Buddha rät ihm: Laß es gut sein! und läßt sich — wir sehen's gleich — sogar auf weitere theoretische Unterweisungen ein. Mag sein, daß in dem westlichen Barbarenland[51] Gedankenkonstruktionen schon zum Ziele führten. Wir hier im Reich der Mitte bedienen uns da anderer Methoden. Wäre Subhûti mein Schüler gewesen, ich hätte ihm mit Macht die Nase umgedreht[52]. Und schriee er auf, von Schmerzen überwältigt, bekäme er schnell die Frage vorgelegt, wo sich wohl jetzt sein Ich befände.')

„Der Tathâgatâ verkündet immer nur das Eine: dukkha und dukkha-nirodha. Alles, was zur Vernichtung des Leidens, zur Aufhebung der Kette des bedingten Entstehens führt, das lobt Er; was Leiden mehrt und verlängert, das tadelt Er. Nicht aber fördert Er zweckundienliche Spekulationen, noch stellt Er (ontologische) Theorien über Ich und Nicht-Ich auf."

„Wohl sind mir gegenwärtig, o Herr, denkwürdige Unterweisungen, die sich darauf bezogen. Doch hat der Erhabene nicht auch oftmals dargelegt, daß das Ich nur ein sprachliches Hilfsmittel darstellt, daß es, von höherer Warte aus betrachtet, nichts anderes gibt als ein ständiges Kräftespiel von fünf unpersönlichen khandha?[53] Und dann sprach der Erhabene auch wieder von der Last und vom Träger der Last"[54].

(‚Gebt nun acht, meine Schüler, wie er sich gleich ganz verwirrt! Selbst das Brahmajâla-sûtra[55] scheint er vergessen zu haben. Statt Begriffskonstruktionen abzutun, die in Verblendung wurzeln, fährt er fort, weiter zu theoretisieren, und er denkt bei sich: „Gibt es nur in der Erscheinungswelt kein Ich, ist es nur hier nicht antreffbar, wohl aber in der Transzendenz, oder wie steht es darum? Wer oder was geht nach dem Tode über von dieser Existenz in die nächste? Was ist das Fortdauernde im Strom der Allveränderlichkeit?"[56] Der arme Teufel jagt, dem Hunde gleich, dem eig'nen Schwanze nach.')

„Unterschiedlich ist die Aufnahmefähigkeit Meiner Jünger, und unterschiedlich wurde der Dharma verkündet. Wer an das Ich glaubt, dem Ich verfallen ist, für den ist die Lehre von anattâ der Ausweg; wer sich jedoch an anattâ hängt, dem anattâ sich verhaftet, um es streitet, kämpft, der geht dem Dharma bald verloren. Ein Ich ist in der Erscheinungswelt nicht auffindbar; laß es dabei bewenden und grüble nicht! Fälschlich zeihen Mich manche Brahmanen und Samanen als Eternalisten, andere wieder als Nihilisten."

(‚Unser großer Patriarch Nâgârjuna, lehrte er sûnyatâ? Antwortet — aber schnell!'[57]).

„Doch wurde nicht gelehrt, daß man Erbe ist der guten und der bösen Taten, Worte und Gedanken, die man in vergangenen Existenzen beging, sprach und hegte, und daß man eben jetzt neue Saaten auslegt, die künftig reifen werden? Wenn es kein Ich gibt, das übergeht von Vergangenem zu Gegenwärtigem und von diesem wieder zu Zukünftigem, wie kann man da wohl von Wiedergeburt sprechen? Wolle der Erhabene die in mir nagenden Zweifel beseitigen und mich von der Hemmung des vicikicchâ[58] befreien."

(‚Er nährt sich an seiner Torheit. Als ob man Zweifelsucht auslöschen könnte, indem man eine Lösung anbietet!

Kurzfristig nur sind Süchte zu befriedigen, die sich bald neuen Objekten zuwenden. Was Subhûti nicht begreift, ist, daß die Wiedergeburt ein real-irreales Ereignis darstellt. Und deshalb die Worte des Buddha: „Weder derselbe noch ein anderer entsteht nach dem Tode, und dennoch entsteht er bedingt in Abhängigkeit von diesem gegenwärtigen Ich, das jedoch des Selbstes bar ist." Woran Subhûti immer wieder scheitert, scheitern muß, sind seine Denkgewohnheiten, die durch Gewohnheitsenergien eingebrannt wurden. An Ja und Nein wird er noch zerbrechen').

„Die Wiedergeburt lehrt der Tathâgatâ; wie einer lebt, so geht er dereinst auch dahin . . . und dies ist der niederen Wahrheiten eine. — Kein Ich ist in dieser Wandelwelt anzutreffen; nur Gruppen von khandha sind es, die ein Ich vorgaukeln. Nicht einmal das Bewußtsein wandert von hier nach dort[59], um wieviel weniger dann ein Ich? Damit wurde schon eine höhere Wahrheit dargelegt. — Als einen Traum mögest du, o Subhûti, Leben, Sterben und Wiedergeburt ansehen. Und wie ein Traum nicht ein Nichts, sondern eben ein (irrationales) Phänomen darstellt, ebenso ist es mit allen Erscheinungen und geistigen Gebilden."

(,Nun hat der Buddha endlich die Katze aus dem Sack gelassen. Ob Subhûti sich nicht weiter verwirrt?').

„Doch heißt es nicht vom Wissensmächtigen, Er erinnere sich gar mancher vorgeburtlichen Daseinsformen? Wenn es kein Ich gibt noch ein Bewußtsein, das vom einen Wesen zum anderen übergeht, wie kann dann Erinnerung entstehen?"

(,Ist diesem Starrkopf noch zu helfen? Er verkrallt sich in seine [scholastische] Logik; sein karma läßt ihn nicht los, und wie eine Fliege sitzt er im festgefügten Spinnennetz. Unfähig, über den eigenen Schatten zu springen, bleibt er in realistischer Vordergründigkeit gefangen. — Euch aber, meinen Schülern, zeige ich an dieser Stelle die Weisheit vom Großen Spiegel, und die Irrwege Subhûti's vermeidend, will ich euch mit Hilfe dieses besten aller Gleichnisse das Dharma-Auge öffnen.

In einem klaren Spiegel können alle Formen gesehen werden, obgleich er keine Formen enthält; dies ist so, weil der Spiegel keine eigene Persönlichkeit besitzt[60]. Der Spiegel ist von allem Anfang an leer; die Bilder, die auf seiner Oberfläche erscheinen, sind dem ewigen Wechsel unterworfene Phänomene. Die letzte Wahrheit, die sich vom Spiegelbild aussagen läßt, ist, daß es gleichzeitig [existentiell] ein Nichts wie [phänomenal] ein Etwas ist, daß es sich an der Grenzscheide von Realität und Irrealität befindet. — Ebenso ist es um die Welt und das Ich bestellt. Leer, substanz- und wesenlos sind alle dharma aus dem Blickwinkel eines Eigen-Seins; vorbeihuschende, in jedem Augenblick sich verändernde Erscheinungen, dem Gesetz von Ursache und Wirkung unterworfen, sind sie aus der Perspektive der Phänomenalität; an der Grenzscheide von Sein und Schein, unbezeichenbar; das nenne ich das MITTLERE, die Wirklichkeit[61]. Lasset die Dinge unbeachtet entstehen und vergehen, bis der Geist, einem Spiegel gleich, die Dinge nur reflektiert, ohne sie zu ergreifen, über sie zu urteilen[62]. Wenn ihr euch in Vollkommenheit üben wollt, muß euer Geist einem Spiegel gleich werden, der nichts ergreift und nichts abweist, der aufnimmt, aber nicht festhält[63], in dem sich sowohl Ruhe als auch gleichzeitig rastlose Bewegung vollendet vereint finden[64]. — Shêng-hsiu sagt, man solle sich bemühen, den Geist wie einen klaren Spiegel ständig rein zu halten; doch Hui-nêng widerspricht: der klare Spiegel steht auf keinem Stand, kein Ding besteht von Anfang an. Wie könnte sich ein Staubkorn ansetzen?[65] — Was meint ihr dazu?! — Reden wie Schweigen wäre falsch. Wie denn also? Wollt ihr den Stock spüren?!')

„Das Erdichtete erscheint bunt; der Gesichtskreis des Edlen jedoch ist rein[66]. Dies erkenne und löse dich von den Verkündungen der niederen Wahrheiten; streben sollst du nach der höheren Wahrheit von advaita[67]. Wie aber betritt man das Reich von advaita? Weder Zeichen sind es noch auch Worte, die den Eingang dahin weisen[68]. Und welches ist die Erkenntnis, die man durch advaita gewinnt? Die völlige Vermischung bei gleichzeitig völliger Ordnung[69]. In jedem Sandkorn, Subhûti, ist das ganze Universum eingeschlossen. Nur einem auf der geistigen Ebene eines bodhisattva Angekommenen ist es faßbar, wieso das dharmadhâtu[70] mit dem lokadhâtu[71] sowohl untrennbar verbunden als auch gleichzeitig als nicht-identisch anzusehen ist. — Und welches Gleichnis mag zum Verständnis dieser überweltlichen Wahrheit dienen? Das Gleichnis von Indras Geschmeide"[72].

(,Da hat der Buddha dem Subhûti einen ganz schönen Pack auf den Buckel geschnürt. Auf Fragen, die realistischen Aspekte des Dharma bezüglich, läßt Er sich gar nicht mehr ein, sondern führt ihn auf eine andere Ebene. Wenn es nun so ist, daß Wort und Begriff niemals die Wirklichkeit treffen, sondern, in Unwirklichkeit wurzelnd, wieder Unwirklichkeit hervorrufen, warum, so könnte man fragen, bedient sich der Buddha dann immer wieder dieser untauglichen Mittel? Weil, so gebe ich euch zur Antwort, der Erleuchtete kein Pratyeka-, sondern ein Sammâsambuddha ist[73]. In ewiger Stille des Schweigens zu verharren, kommt dem Erwachten nicht zu[74]; Er muß in den Schlamm der Welt zurückkehren und den an das Rad der Wiedergeburt Geketteten den Weg zur Erlösung weisen. Wie aber kann man durch eine Unwirklichkeit ein Wesen zur Erleuchtung führen? Unzähliger upâya[75] bedient sich der Buddha, um die zahllosen Schleier, die die Wirklichkeit verhüllen, hinwegzuziehen. So zerstört Er eine irrige Ansicht nach der anderen und führt die Verblendeten an die wort- und zeichenlose Wirklichkeit heran. Darf aber dann ein solcher Jünger selbst im Schweigen letzter Wahrheit verharren? Nein! Er hat, dem bodhisattva-Gelübde[76] folgend, sich selbst nun unzähliger upâya zu bedienen').

„Die Wirklichkeit zeige mir der Wissensmächtige, die Weisheit enthülle der Erwachte, damit auch ich mich dem Schlummer entwinde."

„So höre denn Mein Wort, o Subhûti, und öffne deine Augen. Alle dharma sind von Anfang an in nirvâna[77]. Alle Lehren, sie sind Nicht-Hören, Nicht-Predigen[78]. Zeige Ich dir die Wahrheit, so ist es noch immer nicht die letzte Wirklichkeit; es ist vielmehr, als ob da einer mit der Fingerspitze auf den Mond hinwiese und der andere hielte schon die Fingerspitze für den Mond[79]. Vernimm, o Subhûti, das tiefe Wort, daß Täuschung und Wahrheit (daß Empirisches und wahrhaft Seiendes) identisch sind[80]. Willst du die höchste Wirklichkeit erfassen, dann mußt du selbst den Begriff ‚Wirklichkeit' wegen der Verwirrung erzeugenden Macht abtun"[81].

(‚Jetzt hat er endlich bekommen, was er verdient. Diese Hiebe wird er sein Lebtag nicht vergessen. Wenn ihm sein Kopf nur nicht zerspringt! Voll und übervoll ist das Füllhorn der Weisheit, das der Buddha auf Subhûti ausgießt. Wenn er mir nur nicht zusammenbricht! — Euch, meinen Schülern, aber sage ich: So man die Wirklichkeit von sich treibt, sinkt man nur noch tiefer ins Wirkliche. Höret auf zu reden, höret auf zu denken und kehret zur Wurzel zurück. Wenn ihr aber der Wahrheit nachjagt, dann versiegen die Quellen. Schaut nur nach innen, und ihr erobert euch beides, loka- wie dharmadhâtu. Verleugnet mir nicht die Sinnenwelt, sonst verliert ihr die Wurzel!'[82]).

„Soll das nun heißen, o Herr, daß alle Dinge sind, wie sie eben sind?"

„So ist es, Subhûti."

„Fällt aber nicht damit der Herr in die realistische Betrachtungsweise zurück?"

„Nicht doch, o Subhûti, denn also gibt dir der Tathâgatâ zu bedenken: diese (phänomenale) wie jene (nouminale) Welt zeigen die gleichen Kriterien der Leerheit; wie also willst du sie voneinander unterscheiden?"

„Das leuchtet mir wohl ein, o Herr. Völlig verständlich ist mir nun die hier verkündete Lehre geworden. Es ist, als ob man Umgestürztes aufstellte, Verborgenes aufdeckte. Leuchtend klar erscheint mir der Dharma wie niemals zuvor."

„Nicht doch, o Subhûti, sollst du leichtfertig vom Verstehen sprechen, denn tief, unendlich tief ist dieser Dharma, und was dir klar erscheint, scheint dir nur eben so zu sein. Versenke dich vielmehr geduldig in die Bildlosigkeit der Wahrheit; tu ab Meinungen und Mutmaßungen, Theoretisieren und Fürwahr-Halten."

(‚Buddha Wong und Buddha Ming, wart ihr schon auf der Latrine?'[83]).

„Wie aber soll man sich, o Herr, in dieser Welt des Truges und der Träume verhalten; wie vermeidet man übles karma? Wie mischt man sich ein, um Böses zu verhindern, ohne sich selbst Schaden zuzufügen?"[84]

„Indem man im Zustand der Weder-Gebundenheit noch der Ungebundenheit verharrt"[85].

„Wie aber geschieht die große Wende? Wodurch wird endgültig Genesung erlangt? Wie wird Erleuchtung erreicht, wie werden Schlummer und alle Träume, seien sie erfreulicher, seien sie übler Art, abgetan? Was ist Erleuchtung, und wie wird sie erlangt?"

(‚Er wird sich bald zu Tode fragen. Ich hätte mit diesem Brunnenfrosch nicht über das Meer gesprochen'[86]).

„Durch Umschaltung im Urgrund des Geistes[87], o Subhûti, geschieht die große Wende, wird endgültige Genesung erzielt, Erwachung erlangt, werden Schlummer und alle Träume, seien sie erfreulicher, seien sie übler Art, abgetan. Dies nenne ich Erleuchtung und Weg"[88].

„Wie denn aber, o Herr, soll man selbst Wahrheit abtun und der Wirklichkeit mit Indifferenz begegnen? Hat es nicht immer geheißen, ein Streiter um Wahrheit, ein Kämpfer um Wirklichkeit ist der edle Jünger?!"

(‚Brunnenfrosch, Brunnenfrosch!').

Mit einem Blick voll feierlicher Güte tat der Erhabene bei dieser Gelegenheit folgenden Ausspruch:

„Um Wahrheit ringt der edle Jünger,
um Weisheit kämpft er frohgemut:
Solang' Verblendung ihn verdunkelt
und er im Traum gefangen ist. — — —
Doch ist er aufgewacht für immer,
so schwindet Dies und Das dahin;
im Zeichenlosen weilt der Sieger;
er weilt und kehrt zurück, der Held[89].
Zehntausend sûtra sind wie Kerzenschein,
Erwachung ist wie Sonnenkraft!
In Heiterkeit durchschaut er Welt und Ich.
Samsâra und nirvâna, sie sind eins;
die Einheit und die Vielheit sind identisch,
die Soheit[90] ist der Schranken bar. —
Das Wasser wirft den Mond zurück.
Das Spiegelbild, ist es ein Nichts,
ein Etwas, das man greifen kann? — —
Wohlan, Subhûti, wache auf!
Genug der Träume und der Leiden!
Die Nacht ist um, der Tag bricht an,
Erleuchtung ist nicht fern,
sie ist in dir!"

Mit Tränen in den Augen[91] dankte Subhûti dem Erhabenen für die erteilten Lehren.

(‚Ich schwing' den Fächer und das All kracht ein.' Bei diesen Worten aber erschauerten die Schüler des Meisters Hung und schweißgebadet[92] warfen sie sich auf ihr Angesicht. — Im Manuskript finden wir hier in einer anderen Handschrift, wahrscheinlich aus dem Pinsel seines Jüngers Hung-hua stammend, folgende erklärende Beifügungen: ‚Einmal hielt unser Meister Hung seinen Fächer in die Höhe und auf unser betretenes Schweigen[93] hin sagte er: „Was ist das? Nennt ihr es einen Fächer, so sind euch 20 Stockhiebe gewiß . . . Aus Erbarmen über euere Stumpfheit und Torheit will ich mich lächerlich machen und meine eigenen Federn vorweisen; doch warn' ich euch davor, daß diese nun euerem Kopfe entsprießen. — Was ist das? — Bewege ich es, so ist es das Schwert des Manjuśri[94], das alle willkürlich auftauchenden Gedanken an der Wurzel abschneidet; schlage ich damit zu[95], dann ist es mein brüllendes Ho![96], das ich euch entgegenschleudere, damit ihr das diskursive Denken überwindet; halte ich es ruhig hoch, so ist es das Donnernde Schweigen des Vimalakîrti und damit das höchste Zeugnis für advaita; durchstoße ich aber alle Schleier mâyâs, dann erschaue ich in ihm die vollendete Wirklichkeit. — Was ist das? Totes Material aus Bambus, Papier und Tusche — ein Fächer — ein Warnstock — das Schwert des Manjuśri — das Donnernde Schweigen des Vimalakîrti — das brüllende Ho! — und: mein großer Finger, der auf den Mond hinweist."').

Hier endet das sûtra des Hung-lei.

IV. ANMERKUNGEN DES HERAUSGEBERS

[1] Neben einer ausgefeilten Ethik und einem ausgeklügelten Zeremoniell spielt die Musik im System des Kung-fu Tse eine überragende Rolle. Es wird berichtet, der Meister sei einst drei Tage und drei Nächte in seine Musik derart versunken gewesen, daß er zu essen und zu trinken vergaß.

[2] Anspielung auf den berühmtesten aller indischen Patriarchen.

[3] Ch'an, in Japan Zen genannt, gilt als vollendete Meditationsschule, während Hua-yên, japanisch Kegon, eine abgründige Identitätsphilosophie lehrte und ausschließlich auf dem Avatamsaka-sûtra aufgebaut war.

[4] Ching-t'u = Reines Land, ist eine pietistische Strömung innerhalb des Buddhismus und vertraut (im Gegensatz zu allen anderen Sekten) der sog. ‚Fremderlösung' mittels eines Gnadenaktes des (mythologischen) Buddha O-mi-to.

[5] Dazu sein überlieferter Ausspruch: ‚Der Heilige hängt an der Heiligkeit, doch woran hänge noch ich? Nicht Netze, nicht Käfige, nicht Festungen sind es, die mich halten oder beschützen. Die wahre Freiheit ist nicht die Erstarrung, sondern das ungebundene Leben. Der Wolke und dem Wasser gleiche ich (siehe Anm. 12), nicht aber dem arahat. Wer wollte sich an Heiligkeit binden? Doch versink' ich auch nimmer im Schlamme der Welt. Dem Lotos gleiche ich; beide Welten sind in mir: die des Schmutzes und die der Reinheit. Ungebunden durchschau' ich die kreisenden Wirbel und Strudel des karma und lebe dahin und lebe dahin . . . Ich reit' auf dem Ochsen und blase die Flöte; was noch gäb's zu tun? Den ‚Heimritt'? Laßt euch nicht

durch fromme Sprüche täuschen!' (Anspielung auf das sechste Ochsenbild.) ‚Heimritt' könnte eine Fehlassoziation erzeugen von einem im hînayânistischen, d. h. im absoluten Sinne, verstandenen nirvâna. Daher auch ein anderes Wort des Hung: ‚Meine Heimat ist die Reise. Der Weg ist das ZIEL', womit er seinen bodhisattva-Gang treffend zum Ausdruck brachte.

[6] Zentrum großer Gelehrsamkeit und Wiege der nach dem Berge benannten enzyklopädischen T'ien-t'ai Tsung (Sekte).

[7] Die drei Teile, die den orthodoxen buddhistischen Kanon bilden: Ordensdisziplin, die Sammlungen der Predigten und die höheren Lehren.

[8] Diese gehören bereits zum sog. Mahâyâna (großem Fahrzeug zum Heil) und verkünden ‚transzendentale Weisheit vom andern Ufer aus'.

[9] Hua-yên Ching, Sanskrit: Avatamsaka-sûtra; der Buddha soll es unmittelbar nach Erlangen seiner Erleuchtung gepredigt haben. Die hier von höchster Warte aus verkündeten Wahrheiten blieben seinen Jüngern unverständlich, so daß er sich entschließen mußte, leichter begreifliche, doch nur bedingt gültige Wahrheiten zu lehren. Erst am Ende seines Lebens werden im Fa-hua Ching (Sanskrit: Saddharmapundarîka-sûtra) nochmals Lehren von höchster Warte aus gepredigt.

[10] Fa-t'sang war ein Hua-yên Meister, der die wechselseitige und vollständige Durchdringung jedes dharma (= Objektes) mit jedem dharma lehrte. Der Kaiserin Tsê-tien brachte er dieses Mysterium mit Hilfe eines einfachen Experimentes nahe: In einen leeren Raum stellte er eine Kerze und ordnete um diese eine Anzahl von Spiegeln so geschickt an, daß unzählige Kerzen erschienen, da sich die Spiegelbilder auch wieder unzählige Male widerspiegelten. Als er die eine Kerze ausblies, erloschen alle, und die Kaiserin ahnte die Wirklichkeit.

[11] Der Spiegel an sich, in seinem existentiellen Aspekt, ist leer: K'ung; die widergespiegelten Objekte sind veränderliche Erscheinungen: Chia. Was ist aber das Spiegelbild selbst? Eine leere und dennoch veränderliche Erscheinung, und das nennt man das MITTLERE: Chung.

[12] Yun: Wolke, Shui: Wasser. Treffende Bezeichnung für einen völlig ungebundenen Wandermönch.

[13] Anspielung auf das Ein-Finger-Ch'an des T'ien-lung. Auf alle Fragen pflegte der Meister nur schweigend seinen Finger zu heben.

[14] Methode des Meisters Chow-chu.

[15] Das Ch'an der drei Worte, von Meister Yü-mên geübt.

[16] Wie Meister Wu-yä.

[17] „Durch das Erlangen von anuttara samyak sambodhi (Gipfel der Erleuchtung) erreichte ich keinen willkürlichen Begriff eines dharma, auch nicht den allergeringsten . . ." (VCPPS). ‚Nicht das geringste' läßt aber auch an den Ausspruch aus dem LVS, sagâthakam 254 denken, daß für den Erleuchteten Täuschung und Wahrheit identisch sind. Alles, was ‚erreicht' werden kann, kann immer nur wieder in Dualistik liegen.

[18] Wu-mên-Kuan.

[19] Bi-yän-Lu.

[20] Bodhisattva, das mahâyânistische Ideal der Vervollkommnung. Im Gegensatz dazu der arahat: der hînayânistische Heilige. Bhikkhu = der Mönch.

[21] śrâvaka ist der ‚Hörer', der (hînayânistische) Jünger.

[22] Die Edle Lehre.

[23] Die drei Daseinsmerkmale sind: Veränderlichkeit, Unpersönlichkeit und Unbefriedigung aller Daseinsphänomene. Daraus entwickelt sich die vierfache Leidenswahrheit und der Edle achtteilige Pfad.

[24] (Gewöhnlich) 12-gliedrige Kette des bedingten Entstehens. Auf die entscheidenden Glieder reduziert: Urverblendung und Triebkräfte bedingen Wiedergeburt, durch Berührung mit der Außenwelt entstehen Gefühl, Begehren und Anhaften und resultieren im neuen Werdeprozeß, wodurch der samsâra (Geburtenkreislauf) im Gange bleibt.

[25] Tat, das ethische Kausalgesetz.

[26] Subhûti möchte die Grenzen der karmischen Wirksamkeit und, wenn möglich, gar die ‚Technik' dieses Gesetzes kennen. Nach orthodoxer Auffassung ist aber ein Gesamtblick über das ganze karma-Gesetz nur einem Erleuchteten vorbehalten. Es lehrt weder einen vollständigen Determinismus (der im Fatalismus enden würde) noch auch ein blindes, unverschuldetes Schicksal oder den Zufall.

[27] Hung spricht vom edlen Jünger Subhûti in respektlosem Ton. Für ihn ist er zwar ein bodhisattva, in dessen Augen sich jedoch noch viel Sand befindet.

[28] ‚So-Gegangener', ein Epitheton für Buddha.

[29] Schöpfer-Gott. Im Unterschied dazu Brahma, der nur als einer der obersten deva (‚Leuchtenden') angesehen wird und nicht die (abendländischen) Kriterien eines Gottes hat.

[30] An die Methode des Chow-chu gemahnend.

[31] Der (verblendete) Intellekt ‚zerschneidet' die Wirklichkeit in zwei Unwirklichkeiten: in Dies und Das. Man vergleiche dazu die Lehren Vasubandhus.

[32] Bejahung, Verneinung, beides, keines von beiden.

[33] Damit wahrscheinlich gemeint: der Relativist, der Agnostiker und der skeptische Nihilist.

[34] Insbesondere der dritte Patriarch der Ch'an Tsung: Sêng-t'san, hat die üblen Folgen des Diskriminierens und Selektierens betont.

[35] Siehe MN 72.

[36] Vergl. APPS.

[37] Vergl. APPS.

[38] Vergl. VCPPS.

[39] Vergl. APPS.

[40] SN XXII 90.

[41] In Anlehnung an DN 23, aber auch VisM XVIII.

[42] SU.

[43] AN IV 45.

[44] Vergl. SN III 141; aber auch LVS, sagâthakam 144. Dieser Gedanke kann in vielen Teilen des buddhistischen Kanons nachgewiesen werden, ist aber auch ein Lieblingsthema der Taoisten.

[45] MN 72.

[46] Die Warnung nämlich vor dem Dickicht, dem Dschungel der Meinungen, in dem man sich nur zu leicht verirren und verwirren kann.

[47] Dharma (mit großem Anfangsbuchstaben) bezeichnet

die Lehre des Buddha, dharma hingegen alle nur erdenklichen körperlichen und geistigen Objekte.

[48] alakśana. Die drei Daseinsmerkmale (siehe Anm. 23) beziehen sich nur auf die Phänomenalität; an sich jedoch sind alle dharma zeichenlos, attributlos; selbst die vierfache Aussagemöglichkeit trifft auf sie nicht zu.

[49] Vergl. APPS.

[50] Läßt an Chuang-tse erinnern.

[51] Der Chinese fühlt sich im Zentrum des Universums stehend, die ihn umgebenden Völker betrachtet er als Barbaren.

[52] Ein approbates Mittel mancher Ch'an-Meister der T'ang-Dynastie, Schüler mit dieser an eine Schocktherapie gemahnenden Methode in die Erleuchtung hineinzutreiben.

[53] Körperliches, Gefühle, Wahrnehmungen, Triebkräfte, Bewußtsein. Hinter diesen khandha ein ewiges, unvergängliches Ego, eine Seele, ein Ich anzunehmen, wurde in unzähligen sûtra (Predigten) verworfen.

[54] Siehe B, aber auch SN 3. Daran anknüpfend sind einige Sekten entstanden, die man zusammenfassend als Pudgalavâdin bezeichnet und die sogar im heutigen deutschsprachigen Buddhismus als Schule des Georg Grimm überlebten. Diese Richtung verkündet das ‚pudgala' (Wesen) und hat wesentliche Beiträge zur Polemik mit anderen Schulen geleistet.

[55] Dieser Text gibt eine ausgezeichnete Darstellung über alle im damaligen Indien vorherrschenden Theorien und Hypothesen, die durchwegs zurückgewiesen werden.

[56] Oder, anders gefaßt: Wie ist Kontinuität ohne Entität möglich?

[57] Vergl. dazu das Vigrahavyâvartanî des Nâgârjuna. — Sein ganzes Leben hindurch lehrte dieser größte aller indischen Meister śûnyatâ, die Leerheit aller dharma, die Leerheit der Welt. Als er aber merkte, daß sich nun seine Jünger einseitig an den śûnyatâ-Begriff banden, ihm verfielen, erklärte er plötzlich, niemals irgendwelche positiven Behauptungen aufgestellt zu haben, auch nicht die von der Leerheit der dharma. — Der Zusatz: ‚Antwortet — aber schnell!' gemahnt an die Wen-da (jap. Mondo)-Methode, bei der man einer Frage des Meisters blitzartig zu begeg-

nen hat, da man sorgfältigen Überlegungen und einem diskursiven Verstand keinen Wert beilegte. (Vergl. dazu auch Yen-kuan Ch'i-an).

[58] Die Zweifelsucht gilt als eine Hemmung bei der Erleuchtungsgewinnung.

[59] Siehe VisM XVII.

[60] Nach der Lehre des Meisters Hui-hai.

[61] Starke Anlehnung an Chi-k'ai, den Begründer der T'ien-t'ai Tsung.

[62] Vgl. Aśvagośa.

[63] In Anlehnung an Chuang-tse.

[64] Vgl. Hui-nêng.

[65] Anspielung auf den berühmten gâtha-Wettstreit zur Erlangung des (sechsten) Patriarchates.

[66] Diesen Ausspruch finden wir auch im LVS.

[67] Unter advaita versteht man die Nicht-Zweiheit, Nicht-Dualität, Nicht-Polarität. Der Unerleuchtete jedoch ist in der Polarität, Dualität gefangen.

[68] Siehe VKS.

[69] Fundamentalsatz des AS; höchste, mit Worten eben noch bezeichenbare Wahrheit nach den Lehren des Mahâyâna.

[70] Die ‚Dharma-Welt' ist ein Synonym für Nouminalität, für Wirklichkeit.

[71] Die ‚Sinnenwelt' ist ein Synonym für Phänomenalität, Schein, Täuschung.

[72] Eine Parabel, ebenfalls aus dem AS stammend, die besagt, daß über das gesamte Universum ein Netz geworfen ist, in welchem unzählige kostbare Perlen angeordnet sind, daß sich in jeder einzelnen Perle alle anderen widerspiegeln; schaut man, ergreift man eine, schaut man, ergreift man alle.

[73] Pratyeka-Buddha ist der Einzelerleuchtete, der zwar höchste Weisheit aus sich selbst entwickelt hat, doch nicht willens oder fähig ist, diese andere zu lehren. Im Gegensatz dazu steht der Sammâsambuddha, der Voll-Erwachte,

unter dem man den in jeder Hinsicht vollendeten, den ‚lehrenden' Buddha versteht.

[74] Im scheinbaren Gegensatz dazu und daher für den in der sûtra-Literatur Ungeübten heißt es im AS, daß der Buddha selbst ‚in der ewigen Stille des Spiegels vom großen Ozean' versunken ist und kein Wort spricht. Phantasmagorien gleich ist er von bodhisattva umgeben, die seine Wortführer sind. Diese Allegorie könnte gar nicht treffender zum Ausdruck bringen, daß selbst der Buddha Wahrheit und letzte Wirklichkeit nicht in Worte und Begriffe fassen konnte; nicht als Buddha, sondern als bodhisattva spricht er zu uns.

[75] Upâya ist ein provisorisch dienliches Mittel mit nur relativer Gültigkeit, ein Winken mit der Hand, ein Hindeuten auf die Wirklichkeit.

[76] „Der Menschen sind unendlich viele.
Wir geloben, sie alle zu erretten.
Zerstörender Wahn ist unerschöpflich.
Wir geloben, ihn auszurotten.
Die Lehre der Wahrheit ist unermeßlich.
Wir geloben, sie kennenzulernen.
Buddhas Wahrheit ist die höchste.
Wir geloben, sie zu vollenden."

[77] Siehe das LVS. Man beachte in diesem Zusammenhang aber auch den Ausspruch aus dem APPS: „Selbst nirvâna, sage Ich, ist wie ein zauberisches Gaukelbild, ist wie ein Traum. Wieviel mehr alles übrige!"

[78] Siehe LVS.

[79] Siehe LVS.

[80] Siehe sowohl das LVS als auch das SPS.

[81] Im LVS, sagâthakam 280, heißt es: „Indem man sich auf Nur-Geist stützt, wird sogar die Vorstellung von ‚Wirklichkeit' abgetan."

[82] Hungs belehrende Worte sind Paraphrasen auf das Weisheitsgedicht des Sêng-ts'an.

[83] Diese schroff formulierte Trivialität hat einen doppelten Sinn. Nach Hui-nêng sind alle Wesen potentielle Buddha. Wong und Ming werden aufgerüttelt, an ihre Buddha-Würde erinnert. Durch die triviale Frage wird ein Schock ausgelöst. — Andererseits erinnert der Satz an das Betre-

ten des Klosterbezirkes. Nach dem Durchschreiten des Tempeltores gelangt man zuerst in die Leerheit (ein leerer Platz), in śûnyatâ; danach begibt man sich in das Badehäuschen und auf die Latrine, um sich völlig zu reinigen. Erst danach gelangt man in die Buddha- und in die Dharma-Halle.

[84] Soll man die Augen vor dem Leid verschließen, Aggression, Unterdrückung, Ausbeutung und alles Übel — unter mildem Protest, durch Belehrung, und dadurch daß man durch sein eigenes Leben ein heilsames Gegenbeispiel bietet — dulden und nur — passiv — in liebevollem Gleichmut verharren? Oder aber soll man sich in das Getriebe der Welt einmischen, Leid zwar (etwa durch eine Gegenhandlung) beseitigen, doch um den bedenklichen Preis neuer karmischer Verstrickungen? Gerade hier wird das ethische Urproblem echter Religiosität aufgerollt. — Zwei Lösungsmöglichkeiten wurden im Laufe der buddhistischen Geschichte von den verschiedensten Aspekten aus behandelt und kulminieren in den beiden Idealtypen: 1. im hînayânistischen arahat mit seiner statischen Grundhaltung von upekkhâ (Gleichmut) und 2. im mahâyânistischen bodhisattva mit seiner dynamischen Geisteshaltung von mahâkarunâ (‚großem Mitleid', das vor aktivem Eingreifen keineswegs zurückscheut). Doch auch der bodhisattva ist ein Evolutionsprodukt, an dessen Entwicklungsende ein an der Grenzscheide von Sein und Schein stehendes Wesen auftaucht, dessen gesamte (für den Unerleuchteten) Paradoxie vortrefflich im VKS beschrieben ist.

[85] Dieser, wie auch der Satz, daß man den Geist in Versenkung halten und gleichzeitig den Dingen des täglichen Lebens zugewandt bleiben müsse, sind Lieblingsgedanken des VKS.

[86] In Anlehnung an Chuang-tse.

[87] Die ‚Umschaltung des Geistes an der Quelle der Gewohnheitsenergien' wird im LVS gepriesen; als Weg dahin wird die ‚zweifache Ichlosigkeit' (pudgala śûnyatâ und dharma śûnyâtâ = leer ist die Welt von einem Ich und leer ist die Welt an sich) gelehrt.

[88] WEG, im Manuskript TAO, ist ein vieldeutiger Begriff. Vor allem bezeichnet er nicht nur den WEG, sondern auch das ZIEL — Weg und Ziel, die ineinander verschlungen sind.

[89] Ein bodhisattva versinkt nicht für ewige Zeiten in die zeichenlose Wirklichkeit, sondern kehrt, seinem Gelübde folgend, in die Phänomenalität zurück. Er lebt, man gestatte die Wiederholung, an der Grenzscheide von Sein und Schein.

[90] Soheit (tathatâ) des Universums ist die positive Akzentuierung für die negative Leerheit (śûnyatâ). Tathatâ deutet auf die attribut- und zeichenlose Wirklichkeit hin.

[91] Tränen der Ergriffenheit eines noch nicht völlig geläuterten bodhisattva. Vgl. dazu das VCPPS.

[92] Schweißaustritt gilt oftmals als begleitendes Kriterium für die ‚Wesensschau', für das WU (jap. Satori), für Erleuchtung.

[93] Die Szene erinnert an die berühmte ‚Blumenpredigt' des Buddha, eine Begebenheit, bei der dieser wortlos eine goldene Blume, das Geschenk eines Mahârâja, in die Höhe gehalten hatte. In der tiefsten Ausdeutung galt dies als sichtbarer Ausdruck für Shih-shih wu-ai fa-chieh (vollkommene harmonische und schrankenlose gegenseitige Durchdringung und Austauschbarkeit aller dharma untereinander), oder auch als Yüan-fa (vollständig-endgültige Lehre). Das schweigende Heben des Fächers zielt auf das gleiche Erlebnis.

[94] Bodhisattva der transzendentalen Weisheit.

[95] Als Warnstock in den Meditationshallen der Ch'an-Sekte gebräuchlich.

[96] ‚Ho!' oder (jap.) ‚Katsu!' ist ein aus der Bauchmitte kommender Urlaut, der das dualistische Denken zertrümmern soll.

V. NACHWORT

Der Herausgeber fühlt sich verpflichtet, dem Leser zum Schluß eine Erklärung abzugeben.

Die Person des Hung-lei ist nur ein Mythos; doch hätte ein Mönch ohne weiteres *so* gelebt und *so* gewirkt haben können. Die Ch'an-Literatur quillt von Humor über; Pu-hua schlug einen Purzelbaum, um die Wirklichkeit auszudrükken. Die Wirklichkeit jedoch — so sagten wir bereits im Vorwort — kann in jeder Verkleidung, selbst im Mummenschatz, in Erscheinung treten.

So sei zuletzt vor jenen Lesern eine Entschuldigung ausgesprochen, denen Humor noch ermangelt.

VI. ABKÜRZUNGEN

AN = Anguttara-nikâya
APPS = Astasâhasrikâprajñâpâramitâ-sûtra
AS = Avatamsaka-sûtra
B = Bhârahâra-sûtra
DN = Dîgha-nikâya
LVS = Lankâvatâra-sûtra
MN = Majjhima-nikâya
SN = Samyutta-nikâya
SPS = Saddharmapundarîka-sûtra
SU = Sutta-nipâta
VCPPS = Vajrachedikaprajñâpâramitâ-sûtra
VisM = Visuddhi-magga
VKS = Vimalakîrti-sûtra

Ernst Stürmer

Zen - Zauber oder Zucht?

Ein Bildbericht

Fernöstliche Zen-Meditation wurde schlagartig im Westen populär, aber wenige nur kennen die Heimat des Zen. Der vorliegende Bildbericht dokumentiert die verschiedenen Wege des Zen, blickt in ein buddhistisches Zen-Kloster und erläutert den Versuch des deutschen Jesuiten Hugo Lassalle, Christentum und Zen in Japan miteinander zu verbinden.

Das Buch bietet Fotomaterial an, das von Ernst Stürmer so kommentiert wird, daß es zugleich als Information über Zen wie als Meditationsvorlage dienen kann.

In drei Schritten entfaltet er das Thema:

1. Weg zum Zen / 2. Zen — Klosterleben / 3. Christlicher Zen

112 Seiten, 86 Abbildungen, Paperback

VERLAG HERDER WIEN · FREIBURG · BASEL